G Behnes

Paulus Melchers, Erzbischof von Köln

Zweiter Band

G Behnes

Paulus Melchers, Erzbischof von Köln
Zweiter Band

ISBN/EAN: 9783743335530

Hergestellt in Europa, USA, Kanada, Australien, Japan

Cover: Foto ©Lupo / pixelio.de

Weitere Bücher finden Sie auf **www.hansebooks.com**

Deutschlands Episcopat
in Lebensbildern.

II. Band. V. Heft. Ganze Sammlung XI. Heft.

Paulus Melchers,

Erzbischof von Köln.

Von

C. Behnes.

Würzburg 1874.
Leo Woerl'sche Buch- und kirchl. Kunstverlagshandlung.

Inhalt.

	Seite
Das westfälische Münsterland	175
In der Heimath	178
Bischof von Osnabrück	186
Apostolischer Provicar der Nordischen Missionen von Deutschland und Dänemark	197
Erzbischof von Köln	207
Im Gefängniß	219

Das westfälische Münsterland.

„Es ist ein Ländchen mir bekannt
Mit lachendem Gefild;
Nicht tobet dort des Meeres Strand,
Nicht Ströme groß und wild." — —

„Hier herrscht nicht weiche Ueppigkeit;
Die Sitte, lang bewährt,
Und biedrer Väter Frömmigkeit
Bewacht noch treu den Heerd."

Die Erzdiöcese Köln hat guten Grund, dieses Ländchen hoch zu achten, welches Eduard Michelis mit jenen Worten in einem Liede pries. Das ist das westfälische Münsterland, die Heimath ihres jetzigen Erzbischofs. Mit den katholischen Kölnern aber tragen die Katholiken dreier anderen Diöcesen oder kirchlichen Sprengel, in denen er zuvor als Bischof oder als Stellvertreter desselben seine edle Gesinnung bethätigt hat, eine gleich dankbare Verehrung gegen den Kölner Erzbischof im Herzen. Und auch in den anderen Gegenden Deutschlands und der christlichen Welt sehen Unzählige, Katholiken und gerechte Nichtkatholiken, mit Hochachtung auf das Bild dieses Mannes, unter dessem Vorsitze die deutschen Bischöfe wiederholt in den letzten Jahren am Grabe des hl. Bonifacius zu Fulda sich versammelten.

Ist es nicht billig, daß man seinem Heimathlande einige Beachtung schenkt, durch welches die göttliche Vorsehung ihn, sowie seinen zweiten Vorgänger auf dem erzbischöflichen Stuhle von Köln, zu dem hohen Berufe führte?

„Unser Heil ist uns aus Westfalen gekommen" — sprach ein Mainzer Redner auf der Generalversammlung des katholischen Vereins Deutschlands zu Münster im Jahre 1853. Auch Köln stimmte mit Recht darin ein. „Westfalen und namentlich das Münsterland" — äußerte ein geistvoller Kölner — „hat ein Glück, nämlich es liegt an der Grenze der Welt. Es ist daher manches Unglück, manche Unsitte zu ihm nicht herübergekommen; es hat noch gute Sitten, und die Sitte bringt Charactere hervor und eine gewisse Zähigkeit". Durch diese Vorzüge nimmt das Münsterland einen hervorragenden Ehrenplatz in der neueren

Geschichte des kirchlichen Lebens in Deutschland ein. Es hat nicht allein ein reiches Erbtheil, einen tief gläubigen und thatkräftigen Sinn des Volkes aus den früheren Jahrhunderten in das gegenwärtige mitgebracht, sondern auch der Kirche eine Reihe von ausgezeichneten Männern und Bischöfen gegeben, deren Wirksamkeit weit über die Grenzen des heimathlichen Landes hinaus einen segensreichen Einfluß ausgeübt hat.

Würde nicht dem Münsterlande zum ehrenvollen Ruhme schon dieses allein gereichen, daß es die Heimath des bischöflichen Bruderpaars der Freiherren von Droste zu Bischering war? Es gab der Kirche den Bischof Caspar Maximilian, der einundfünfzig Jahre lang mit der bischöflichen Würde bekleidet nicht allein der Diöcese Münster als Weihbischof, Generalvicar und Bischof ein würdiger Oberhirt war, sondern auch in der stürmischen Zeit des Uebergangs aus dem vorigen in dieses Jahrhundert die bischöflichen Functionen für viele Diöcesen Deutschlands, Hollands, Belgiens und Frankreichs verrichtete und um die ganze Kirche sich sehr verdient machte durch sein muthiges Eintreten auf dem Pariser Nationalconcil für die Freilassung des gefangenen Papstes, — und den Erzbischof Clemens August, der gleichfalls als Generalvicar der Diöcese Münster und sodann als Erzbischof von Köln durch seine unbeugsame Hirtentreue und Standhaftigkeit die katholische Welt mächtig bewegte, die Glaubenskraft der Katholiken stärkte und den Eifer des kirchlichen Lebens entzündete.

In demselben Jahre, 1845, in welchem der erstgenannte das fünfzigste Jahr seines bischöflichen Amtes und der letztere seine verdienstreiche irdische Laufbahn vollendete, wurde ein anderer Sohn des Münsterlands mit der bischöflichen Mitra geschmückt, Melchior von Diepenbrock. In der lebendigen Erinnerung des katholischen Deutschlands wird es fortleben, wie auch er treu und hochherzig zum Heile der Kirche wie des Staates in seiner Amtsführung die Worte befolgt hat, welche er am Tage seiner feierlichen Inthronisation in der Domkirche zu Breslau gesprochen hatte: „Ich stütze meinen Stab auf den von Christus gelegten Grundfelsen der Kirche, der nicht weicht und nicht wankt, wie sehr auch Stürme und Wetter toben; und ich gelobe zu Gott, ein treuer und gewissenhafter katholischer Bischof dieser Kirche zu sein."

Neben diesen darf nicht der Name eines Bischofs fehlen, der zwar nicht selbstständiger Oberhirt einer Diöcese war, wie jene, aber gleich ihnen durch seine Tugenden und sein verdienstreiches Wirken sich der Mitra würdig machte, Franz Arnold Melchers, Weihbischof zu Münster.

Und in der Gegenwart führen drei nicht minder verehrungswürdige Landsleute jener ausgezeichneten Kirchenfürsten den bischöflichen Hirtenstab in deutschen Bisthümern: Johann

Bernhard Brinkmann, als Bischof der heimathlichen Diöcese, Wilh. Emmanuel Freiherr von Ketteler, als Oberhirt der altehrwürdigen Kirche von Mainz, und Paulus Melchers, als zweiter Nachfolger des Erzbischofs Clemens August auf dem erzbischöflichen Stuhle von Köln. Ihnen standen in der Jugend so ergiebige Quellen geistiger Bildung und männlicher Characterstärke offen, wie vielleicht kaum ein anderer Landestheil Deutschlands sie besaß.

Das Münsterland befand sich am Ende des vorigen und im Anfange dieses Jahrhunderts, während in Frankreich die Revolution alles Heilige mit Füßen zu treten begann, und in Deutschland geistige Verflachung und unkirchlicher Sinn sich breit machten, in einem Zustande vorzüglicher Blüthe.

Im eigentlichen Münsterlande hatte die Reformation fast nirgends unter dem Volke dauernden Eingang gefunden. Die von derselben ergriffene Hauptstadt Münster war gründlich geheilt durch eine schreckensvolle und schnelle Entwicklung der Neuerung. So wie die Ueberlieferungen an Sitte und Brauch aus alter Vorzeit mit Anhänglichkeit gehütet worden waren, so hatten sich im Volke ein kräftiger deutscher Geist und katholische Gesinnung erhalten und waren durch eine sehr vortreffliche Schulbildung gehoben. Was ausgezeichnete Bischöfe oder Weihbischöfe, wie im 17. Jahrhunderte ein Bernhard von Galen oder Nicolaus Stenonis mit aller Sorge erstrebt hatten, nämlich die Hebung des Landes durch Heranbildung eines guten Clerus und Begründung eines tüchtigen Schulunterrichts, das hatte insbesondere Franz Friedrich Freiherr von Fürstenberg als Generalvicar und Minister des Bischofs Max Friedrich mit hoher Umsicht und großem Erfolge am Ende des 18. Jahrhunderts gefördert. Sein großer Geist hatte sowohl die bürgerlichen und staatlichen Verhältnisse des Landes mit Weisheit geordnet als auch die Unterrichtsanstalten desselben der Zeit entsprechend verbessert und erweitert. Münster ward in der tief erschütterten Zeit die vorzüglichste Pflegstätte katholischer Bildung, ein Sammelplatz hochbegabter Priester und Laien, wie Overberg, Katerkamp, Kistemaker, Brockmann, Kellermann, der Gebrüder von Droste zu Vischering, der Fürstin von Gallitzin, Stolberg, denen edle Protestanten, wie Hamann, Hemsterhuys und Claudius sich anschlossen. Das höhere und niedere Schulwesen, in inniger Verbindung mit der Kirche, war zu einer Vortrefflichkeit und inneren Gediegenheit gebracht, welche in keinem deutschen Lande übertroffen wurde. Es konnte nicht fehlen, daß die von Fürstenberg getroffenen und von seinen Freunden dem Bruderpaare Clemens August und Caspar Maximilian hernach sorgsam gepflegten Einrichtungen für Hebung des kirchlichen Lebens, sowie sie ganz dem Geiste des Landes entsprachen, auch das Volksleben bildend und kräftigend durchdrangen. Das hob mit gerechter

Anerkennung der Bischof Wilhelm Arnoldi von Trier hervor bei dem Jubiläum des Bischofs Caspar Maximilian im Jahr 1845, als er sprach: ... „Voll Vertrauen auf Gott, feststehend auf dem Felsen Petri, den die Fluthen der Zeit nicht vernichten können, stand der ehrwürdige Oberhirt muthig und unerschüttert da; treu bewahrte mit ihm das Münsterland den von den Vätern ererbten Glauben. Als die Bischofsstühle verwaiset, die Wissenschaft in Verfall gerathen, und an vielen Orten die Gläubigen ohne Hirten und Führer waren, welche Männer hatte da eben das Münsterland aufzuweisen! Ich brauche sie nicht zu nennen, ihr bewahret ihr Andenken treu in eurem Herzen. Aus der Schule dieser Männer ging eine Geistlichkeit hervor, ausgezeichnet durch Frömmigkeit und Wissenschaft, und zwar ein solcher Reichthum tüchtiger Männer, daß die Diöcese Münster selbst noch anderen Diöcesen zu Hülfe kommen konnte. Aus der Schule dieser Männer ging ein Volk hervor, welches durch seine feste Haltung im katholischen Glauben, durch echt kirchlichen Geist und durch seine Frömmigkeit weithin leuchtet." —

In der Heimath.

I.

Unter den edelsten Bürgerfamilien der Stadt Münster genoß im Anfange dieses Jahrhunderts, wie heute, die Familie Melchers eine gerechte Achtung. Nicht nur Wohlstand, sondern auch Frömmigkeit, Einfachheit und Biederkeit herrschten in ihrem Hause an der Frauenstraße unweit der herrlichen Liebfrauenkirche. Hier wurde der jetzige Erzbischof von Köln am 6. Januar, dem Feste der hl. Drei Könige, der Patrone Kölns, im Jahre 1813 geboren und erhielt bei der hl. Taufe die Namen Paul Ludolph.

Seine vorzüglichen Geistesanlagen fanden von frühester Jugend an eine treffliche Anregung und Nahrung in der näheren und weiteren Umgebung. Die pünktliche Sorgfalt, mit welcher der Vater Johann Franz Melchers sein ausgedehntes Handlungsgeschäft führte, beeinträchtigte so wenig seinen edlen Wohlthätigkeitssinn, wie seine gewissenhafte und liebevolle Sorge für die Erziehung seiner fünf Kinder, von denen Paul der ältere der beiden Söhne aus zweiter Ehe ist.

Von der Mutter Maria Anna, geb. Holtermann, sagte der Sohn selbst in einem Schreiben, durch welches er als Bischof von Osnabrück dieselbe nach ihrem Hinscheiden im Jahre 1861 bem Gebete der Diöcesan-Geistlichkeit empfahl, daß große Herzensgüte, Einfalt der Gesinnung, Aufrichtigkeit und Wahrheit vorzugsweise ihren Charakter bildeten. Er gedachte mit tröstlicher Zuversicht ihres lebendigen Glaubens, ihrer gewissenhaften Treue in der Erfüllung ihrer Standes- und religiösen Pflichten, ihrer stets opferwilligen Liebe und Barmherzigkeit, und er bemerkte, daß er ihr unaussprechlich viel zu verdanken habe.

Das Familienleben sowie der öffentliche Verkehr in dem damaligen „alten Münster" trugen noch durchgehends die liebliche und fruchtbare Weihe einer wahrhaft katholischen Gesinnung. Eine innige Anhänglichkeit an die Kirche, Sorgfalt und Ernst in der Erziehung zeichneten den Kern der Münsterschen Bürgerschaft aus. Die Stadt hatte zwar im ersten Jahrzehnt dieses Jahrhunderts eine große Einbuße erlitten an kirchlichen Anstalten und Stiftungen, jedoch war sie immerhin verhältnißmäßig reich geblieben an Stiftungen und Hülfsmitteln des Gottesdienstes, des Unterrichts und der Wohlthätigkeit. Die Verwaltung der kirchlichen Angelegenheiten lag im zweiten Jahrzehnte in den Händen ausgezeichneter Männer, deren Wirksamkeit belebend auf alle Kreise des Volkes und vorzüglich auf die Erziehung und den Unterricht der Jugend einwirkten. Als Bisthumsverweser und Weihbischof arbeiteten mit aller Hingebung die Brüder Clemens August und Caspar Maximilian Freiherren von Droste zu Vischering. Im Priesterseminar bildete Overberg als Regens den Clerus der Diöcese. Das Gymnasium wurde geleitet von Kistemaker. Auf der Kanzel der Domkirche erscholl die beredte Stimme des seeleneifrigen und gelehrten Brockmann. Auch unter den Priestern der übrigen Kirchen in der Stadt waren Männer von vorzüglichem Geiste und Verdienste, wie z. B. Kellermann, seit 1817 Pfarrdechant zu St. Ludgeri.

Für die geistige Weckung und Entwicklung des jugendlichen Paul war es von nicht geringer Bedeutung, daß ein nahes Mitglied der Familie, dem die Eltern mit inniger Hochachtung zugethan waren, unter den Männern sich befand, welche das kirchliche Leben zu Münster mit so vorzüglicher Sorgfalt und mit so großem Erfolge pflegten. Es war dies Franz Arnold Melchers, der Vetter des Vaters, welcher seit dem Jahre 1795 als Subregens mit dem unvergeßlichen Overberg das in der Nähe des Melchers'schen Hauses belegene Priester-Seminar leitete. Muster eines wahren Priesters, unermüdet thätig, reich an Erfahrungen, war er beseelt von einer edlen Freudigkeit in seinem Priesterstande und priesterlichem Berufsleben. Wohl erkannte er in ihrer ganzen Größe die Verantwortlichkeit und die vielfachen Verpflichtungen dieses Standes, aber ein freudiges Gottvertrauen und ein gewisses ihn stets begleitendes Hochgefühl von der Würde des priesterlichen Berufs waren in ihm überwiegend. Dabei besaß er eine glückliche Constitution und eine sehr feste Gesundheit, die ihn befähigte, auch später nach seiner Ernennung zum

Generalvicar (1826) und nach seiner Erhebung zum Bischof von Hebron in part. und Weihbischof der Diöcese Münster (1837) mit verdoppelter Anstrengung vom frühen Morgen bis zum späten Abende zu arbeiten. In vorzüglichster Weise hatte die Wahl Fürstenbergs sich gerechtfertigt, der ihn dem Overberg zur Seite gestellt hatte. Mit diesem auch durch das innigste Freundschaftsverhältniß verbunden, wußte Melchers ganz im Sinne desselben den Alumnen des Seminars die Sorge für die Schulen ans Herz zu legen und ein eifriges Streben für christliche Erziehung und christlichen Unterricht durch Wort und Beispiel in ihnen zu wecken. Er selbst ertheilte fortwährend Unterricht in der Ueberwasserschule d. i. in der Pfarrschule der Liebfrauen- oder Ueberwasserspfarre.

Diese Nähe des liebevollen Oheims und erfahrenen Kinderfreundes trug nicht wenig dazu bei, den Fleiß und die Frömmigkeit des talentvollen Paul zu befördern, sowohl in den jüngeren Jahren als auch nachdem er im Jahre 1823 in das Gymnasium zu Münster eingetreten war. Aber was in Hinsicht auf seinen später so klar hervortretenden priesterlichen Beruf vielleicht nach menschlicher Berechnung vermuthet werden könnte, nämlich daß die Einwirkung der Berufsfreudigkeit des Oheims seine Entscheidung für die priesterliche Laufbahn beschleunigt hätte, das ist nicht eingetreten. Ihm sollte nach dem Rathschlusse Gottes zuerst eine weitere Vorbildung auf den Gebieten des wissenschaftlichen Studiums und der inneren Reife zu Theil werden. Er wählte zunächst die Jurisprudenz.

Nachdem er die Gymnasialstudien „mit Auszeichnung" vollendet und ein halbes Jahr die philosophischen Vorlesungen an der Academie zu Münster besucht hatte, bezog er um Ostern 1830 die Universität zu Bonn, um sich dem Studium der Rechtswissenschaft zu widmen. Es regte sich schon damals in ihm eine innere Neigung, die ihn zum Priesterthum hinzog; jedoch erschienen seiner zarten und demüthigen Gewissenhaftigkeit die Anzeichen seines Berufs nicht bestimmt genug. Er vollendete sein Studium mit dem sorgfältigsten Fleiße und trat im Frühjahre 1833 als Auscultator und sodann als Referendar zu Münster in den Justizdienst ein. Inzwischen (1833/34) genügte er als Freiwilliger ebendaselbst seiner Militärpflicht. Seine vorzügliche Verstandesschärfe und sein gewissenhafter Fleiß, verbunden mit freimüthiger Offenheit und anspruchloser Bescheidenheit, gewannen ihm die Herzen der Vorgesetzten. Die Beweise ihrer Hochschätzung stellten ihm eine glänzende Laufbahn in Aussicht. Er entschied sich aber für ein Anderes, nachdem er sieben Jahre der Rechtswissenschaft sich gewidmet hatte. Es kam der Entschluß zur Reife, welcher schon längere Zeit ihn zu ernster Prüfung veranlaßt hatte. Er schied im Jahre 1838 aus seiner Stellung und begab sich nach München, um die Theologie zu studiren. Die dortige Universität, ausgezeichnet durch die Namen von Klee, Görres, Windischmann, Döllinger, war es werth, daß ein Sohn der Stadt Münster seine Schritte dorthin richtete. So wie Münster im Anfange dieses Jahrhunderts unter ungünstigeren Verhältnissen ein Mittelpunct katholischer Wissenschaft gewesen war, so war es München durch seine Hochschule in der neuen geistigen Bewegung, die durch die Gefangennehmung des Erz= bischofs von Köln (20. Nov. 1837) geweckt war.

Nach einem Jahre kehrte Melchers heim, trat nach glücklicher Genesung von einem Nervenfieber in das Priester=Seminar zu Münster ein und wurde am 5. Juni, dem Feste des hl. Boni= facius, 1841, zum Priester geweiht.

Der Weg der Vorbereitung auf seinen Beruf, den er zurück= gelegt hatte, war freilich durch den vorhergehenden Eintritt in die juristische Laufbahn verlängert worden, aber diese Ver= zögerung war nicht fruchtlos gewesen hinsichtlich seines späteren Wirkens. Bereichert an Kenntnissen und Erfahrung, geübt in gründlicher Beurtheilung der Lebenserscheinungen, bewährt in den geistigen Beschwerden eines längeren Berufszweifels, trat er jetzt in den Dienst der Kirche ein. Es mögen die Gegner der Kirche beachten, wie so manche Oberhirten, welche in der ge= genwärtigen Zeit die Freiheit der Kirche zu vertheidigen haben, nicht von früher Jugend an und nicht allein auf dem Wege der von ihnen vertheidigten kirchlichen Ausbildung des Clerus dem priesterlichen Berufe gefolgt sind, sondern ihm sich zuwandten erst nach reicher Lebenserfahrung und bei vollkommener Würdig= ung der Aufgaben und Opfer desselben.

II.

Der neu geweihte Priester, der jetzt im neunundzwanzigsten Lebensjahre seine priesterliche Wirksamkeit begann, erfaßte sie mit edlem Seeleneifer und inniger Geistesfreude. Er wurde bald als Kaplan nach Haltern geschickt, einem Städtchen von 2200 Einwohnern an der Lippe. Hier warteten seiner zwar mühevolle, aber ihm sehr liebe Arbeiten. Die katholische Kirch= spielsgemeinde zählte mehr als 3800 Seelen und einige Kapellen außer der Pfarrkirche, namentlich eine vielbesuchte Wallfahrts= kapelle der hl. Anna. Der hochbejahrte Pfarrer Büttner, ein verehrungswürdiger Jubilarpriester, zu dessen Rathe und Gebete man von nah und fern die Zuflucht nahm, war durch körper= liche Leiden geschwächt und gebeugt, so daß er nicht mehr ohne Hülfe an den Altar oder auf die Kanzel sich begeben konnte. Mit liebevoller Pietät unterzog sich der Kaplan nicht nur den Arbeiten der Seelsorge, sondern auch der Unterstützung des edlen Greises in den kirchlichen Functionen, welche dieser noch)

verrichten konnte. Noch wird von denen, die es gesehen, mit
Achtung dessen gedacht, wie jener z. B. an einem Wallfahrts=
feste der St. Anna=Kapelle den ehrwürdigen Greis fast mehr
tragend als stützend auf die Kanzel geleitete und die Zuschauer
nicht minder durch seine liebevolle und bemüthige Hingebung,
wie der letztere durch seinen opferwilligen Seeleneifer rührte.

Aus dieser gesegneten Wirksamkeit wurde er im Herbste
1844, kurz vor dem Tode des Pfarrers Büttner, nach Münster
berufen. Er wurde vom Bischofe Caspar Maximilian an der
Stelle des zum Domcapitular beförderten Dr. Hölling zum
Subregens im Priesterseminar ernannt. Dasselbe war seit
dem Tode Overbergs bereits achtzehn Jahre lang geleitet von
dem Regens Dr. Schmülling, einem würdigen Nachfolger des=
selben, welcher eine biedere Frömmigkeit mit einer vorzüglichen
wissenschaftlichen Bildung in sich vereinigte. Ihm konnte wohl
kaum passender ein Anderer zur Seite gestellt werden, als
Melchers. Wie seine äußere Erscheinung das Gepräge gereiften
Ernstes und liebevoller Milde trug und sein ganzes Verhalten
ein Ausdruck der Selbstbeherrschung, Geistessammlung und Be=
rufstreue war, so war er in der Kenntniß der Wege der christ=
lichen Vollkommenheit nicht mehr ein Neuling. Schon vor
seinem Eintritte in das Priesterthum mit denselben vertraut
geworden, hatte er mit dem lautersten Bestreben darin fortzu=
schreiten sich bemüht.

In seinen neuen Wirkungskreis trat er nicht sogleich ein,
sondern erst im folgenden Frühjahre. In der Zwischenzeit
brachte er einen lang gehegten Wunsch zur Ausführung. Er
machte eine Reise nach Rom, genoß mit hoher Freude all' das,
was der Aufenthalt in der ewigen Stadt seinem edlen Gemüthe
darbot und kehrte neugestärkt nach der Heimath zurück, um sich
der neuen Berufsaufgabe zu unterziehen.

Hier harrte seiner auch noch eine andere Berufung, näm=
lich zur Theilnahme an den Arbeiten des General=Vicariats.
Der Bischof hatte ihn und den sehr verdienten Domcapitular
Dr. Krabbe zu geistlichen Räthen ernannt. In diesen
Aemtern war ihm nun ein Arbeitsfeld angewiesen, auf welchem
seine Befähigung und selbstlose Hingebung täglich mehr in ihrem
Werthe sich zeigten. In gleichem Maße wuchsen die Achtung
aller ihm Nahestehenden und die Hochschätzung seiner Vorgesetzten.
Rasch wurde er von Stufe zu Stufe mit einer ausgedehnteren
Wirksamkeit betraut.

Die Diöcese Münster wurde von schnell aufeinander folgen=
den Verlusten betroffen. Der Bischof Caspar Maximilian von
Droste zu Vischering starb im Jahr 1846, nachdem eben im
vorhergehenden Jahre noch die fünfzigjährige Jubelfeier seiner
Bischofswürde mit großer Festlichkeit und Freude des ganzen

Volkes in Münster begangen war. Zu seinem Nachfolger wählte
das Domcapitel den Domcapitular und Dompfarrer Georg
Kellermann. Die ganze Diöcese begrüßte diese Wahl mit
einstimmigem Jubel. War er doch in allen Kreisen hoch geachtet
und verehrt, als der einzige noch Ueberlebende aus der Zahl
der großen Männer, die Münster im Anfange des Jahrhunderts
geziert hatten, als vortrefflicher Lehrer der studirenden Jugend,
der Tausende zur Begeisterung für Studium und Gottesliebe
so mächtig angeregt hatte, als seeleneifriger Priester, der 23 Jahre
lang auf der Domkanzel mit hinreißender Beredsamkeit die
Herzen geleitet und außerdem in der Pfarrseelsorge, im Beicht=
stuhle, in der Leitung der barmherzigen Schwestern und der
Jünglingssodalität stets mit der musterhaftesten Aufopferung das
Heil der Seelen zu befördern gesucht hatte. Aber die Diöcese
Münster wurde zum zweiten Male innerhalb 8 Monaten ver=
waiset. Der erwählte Bischof verschied bereits vor seiner Con=
secration am 28. März 1847, von einem Schlaganfall getroffen.
Nunmehr fiel die Wahl auf den Weihbischof von Trier, Johann
Georg Müller, und frohlockend sahen die Bewohner von
Münster am 21. December desselben Jahres ihn den Stuhl
des hl. Ludgerus in Besitz nehmen. Das folgende stürmische
Jahr 1848 entzog den Bischof auf kurze Zeit wieder der sehr
thätigen Wirksamkeit in seinem Bisthum, indem er als Abge=
ordneter des Wahlkreises Münster an der Nationalversammlung
in Frankfurt Theil nahm. An seiner Seite saß dort als Ab=
geordneter des münsterländischen Wahlkreises Ahaus, ein Priester
seiner Diöcese, dessen Gesellschaft ihm dort sehr angenehm war,
aber dessen Wirksamkeit in der Heimat von ihm noch ungleich
höher geschätzt wurde. Es war der Subregens seines Priester=
seminars. Hatte schon sein Vorgänger auf die Fähigkeiten des=
selben ein großes Vertrauen gesetzt, so folgte er ihm darin nach.
Es starb der Seminar=Regens Schmülling im Anfange des Jahres
1851, und der Bischof ernannte den Subregens zu seinem Nach=
folger. Er selbst führte ihn am 7. Mai dieses Jahres in das
wichtige Amt ein. Einen Monat später, als der Regens des
Seminars, am 18. Februar starb auch der Weihbischof Mel=
chers im hohen Alter von 85 Jahren, von denen er mehr als
61 Jahre in segensreichster priesterlicher und bischöflicher Thätig=
keit zugebracht hatte. Auf den Wunsch des Bischofs und zur
Freude der Diöcesanen hatte er bei dem Regierungsantritte des=
selben nochmals die mühevollen und schon 21 Jahre lang ver=
walteten Geschäfte eines Generalvicars übernommen und bis zu
seinem Tode geführt. In diesem Amte folgte ihm nach der
eben ernannte Seminar=Regens, welcher in so mancher Hinsicht
ihm geistesähnlich war. Nachdem er am 17. April 1852 in
das Domcapitel aufgenommen worden war, mußte er nach einem
halben Jahre die Leitung des Seminars dem Herrn J. Voß=

mann, jetzigem Weihbischof in Münster, übergeben und die Führung des Generalvicariats antreten. Wenige Jahre später, am 27. December 1854, wurde er auch von seinem Bischof zum **Dombechanten** ernannt.

Die Hochachtung seiner Tugenden und seines Wirkens war inzwischen nicht auf die Heimat beschränkt geblieben. Nachdem der Bischof von Paderborn, Franz Drepper, am 5. November 1855 gestorben war, richtete man das Augenmerk für die Wahl eines Nachfolgers neben dem erwählten Dr. Martin vorzugsweise auf den Münster'schen Generalvicar und Dombechant.

III.

Dem Drange des lautersten Berufs folgend, war Hr. Melchers vor kaum 14 Jahren in bescheidener Stellung mit Freudigkeit in die seelsorgliche Thätigkeit eingetreten, aber nur wenige Jahre waren ihm dort vergönnt gewesen. Von Stufe zu Stufe war er in der Ordnung der kirchlichen Würden seitdem erhoben und noch höhere Würden standen ihm nahe bevor. Seine Gewissenhaftigkeit und Demuth schreckten jedesmal davor zurück, indem sie als verantwortungsvolle Bürden ihm in ihrer ganzen Schwere erschienen. Jedoch eine gläubige Verehrung des Willen Gottes und Zuversicht auf das Walten seiner Vorsehung ließen ihn in allem Wechsel der Lebensverhältnisse nur mit Bereitwilligkeit der hervortretenden Pflicht folgen. Die einfache Biederkeit seines Geistes sowie sein selbstloser Eifer für die Ehre Gottes und das Heil der Seelen fanden durch seine ungewöhnlich schnelle Erhebung zu den höchsten Würden nicht eine Minderung. Das bezeugten seine Handlungen nicht minder, wie das einstimmige Urtheil des Volkes.

Stets fanden seine älteren Freunde bei ihm unverändert dieselbe edle und vertrauliche Zuvorkommenheit. Das Vaterhaus blieb auch dem Priester und später dem Bischofe theuer. Mit großer Pietät hatte er immer seine Eltern geehrt. Er durfte um so freudiger ihnen diese Verehrung erweisen, je weniger von ihrer Seite ihm eine Gefahr der Behinderung in seinem Berufe bereitet wurde. Vielmehr war die Mutter, welche die Erhebung des Sohnes zur bischöflichen Würde erlebte, von einer solchen Gesinnung erfüllt, daß sie bei diesem Ereignisse ihn mit Starkmuth erinnerte an die dadurch erhöhte Nothwendigkeit der christlichen Wachsamkeit über sich selbst. Der Vater war schon im Jahre 1823 gestorben. Seine Gemahlin überlebte ihn 38 Jahre, welche sie bis zu ihrem Ende im Jahre 1861 mit aufrichtiger Frömmigkeit und mit Wohlthun zubrachte. Man sagte allgemein, daß die Besuche des Sohnes als Priester und als Bischof der alten Frau Melchers theuer zu stehen kamen. „Darüber war man von jeher einig", schrieb das Münster'sche Pastoralblatt im Jahre 1866, „daß dieser Sohn recht viel Geld brauche, —

doch nur für gute Zwecke, denn bei seiner überaus einfachen Lebensart und bei seiner großen Liebe zur Entsagung konnte er für sich kaum etwas brauchen. Und so sorgsam seine Wohlthaten auch von ihm verborgen wurden, bisweilen kam es doch an's Tageslicht, wie er ganz in der Stille Tausende zu einem edlen Zwecke hergegeben hatte. Erkannte er etwas für gut und heilsam, — dann gab er dazu das Letzte, was er hatte, dann mußte eben die Mutter helfen."

Der allgemeinen Hochschätzung gaben in würdiger Weise die Worte Ausdruck, mit denen die theologische Fakultät zu Münster ihm die theologische Doctorwürde honoris causa im Mai 1857 verlieh. Sie nannte ihn: Virum animi integritate et sanctimonia pariter atque prudentia et rerum experientia eximium, qui, postquam jure consultorum curriculum ingressus ac felicissime prosecutus posthabitis civilibus honoribus ad sacrum ecclesiae ministerium se applicavit, ultra quindecim deinde annos exercenda animarum cura, gubernando seminario clericali, administrandis denique summis, quibus nunc exornatus est, muneribus industria, sapientia, comitate de ecclesia deque dioecesi Monasteriensi optime meritus est atque meretur.[1])

Inmitten der anstrengenden Thätigkeit, die seine Aemter, vorzüglich die Verwaltung des Generalvicariats der ausgedehnten Diöcese erforderten, ließ er nicht ab von der gesegneten Wirksamkeit im Beichtstuhle und blieb er ein Mann des Gebets. Er war auch hierin seinem bischöflichen Oheim ähnlich geworden.

Kurz — um mit den Worten zu reden, die der hochselige Bischof von Münster, Johann Georg, bei einem Abschied im Jahre 1866 an ihn richtete, — „wohin immer die Erzdiöcese sich wenden und ob sie fragen mag, wie ihr neuer Erzbischof als Kaplan zu Haltern, als Subregens und Regens des bischöflichen Priesterseminars zu Münster, als Generalvicar, als Domdechant und endlich als Bischof von Osnabrück und in Betreff der nordischen Missionen sich verhalten, so wird ihr von allen Seiten ein lauteres, ja das höchste Lob ihres neuen Oberhirten entgegengetragen und heller Glückwunsch zu einem solchen Erzbischofe!"

---

[1]) „Einen durch Biederkeit und Frömmigkeit sowie durch Umsicht und Lebenserfahrung ausgezeichneten Mann, der anstatt der staatlichen Ehrenstellen, welche ihm auf der zuerst gewählten juristischen Laufbahn in glückverheißender Aussicht standen, den hl. Dienst der Kirche vorzog, dann mehr als 15 Jahre lang durch Fleiß, Weisheit und Freundlichkeit in der Ausübung der Seelsorge, in der Leitung des Priester-Seminars, und in der Verwaltung der ehrwürdigen Aemter, welche er jetzt bekleidet, um die Kirche und die Diöcese Münster sich hoch verdient gemacht hat und macht."

Bischof von Osnabrück.

I.

Im August des Jahres 1857 durcheilte eine Kunde das Bisthum Osnabrück, welche die Herzen der Katholiken in freudige Befriedigung versetzte. Der hl. Vater Pius IX. hatte auf seiner Rundreise durch den Kirchenstaat in Bologna am 3. August ein Consistorium gehalten und in diesem die Ernennung einer großen Anzahl von Erzbischöfen und Bischöfen vollzogen. Unter denselben befanden sich zwei deutsche Bischöfe, nämlich der gegenwärtige Bischof von Culm, Johannes von der Marwitz, und Paulus Melchers, der Domdechant und Generalvicar zu Münster, als Bischof von Osnabrück. Die Freude war nun in dieser Diöcese um so größer, je mehr dort das Verlangen nach der Wiederbesetzung des bischöflichen Stuhles seit zwei Jahren sich erhöht hatte.

Am Osterfeste 1855 war in Osnabrück der Weihbischof Karl Anton Lüpke, Bischof von Anthedon in part., gestorben, der zwar nicht wirklicher Bischof von Osnabrück gewesen war, aber die Diöcese von 1827 bis 1829 kraft besonderer päpstlichen Vollmacht und von 1829 bis 1855 als Generalvicar des Bischofs von Hildesheim administrirt hatte. Einen eigenen Bischof hatte Osnabrück seit dem im Jahre 1761 erfolgten Tode des Kurfürsten Klemens August, der nicht allein Erzbischof von Köln, sondern auch Bischof von Münster, Paderborn, Hildesheim und Osnabrück war, nicht mehr gehabt, und die regelmäßige Aufeinanderfolge der Bischöfe auf dem Stuhle von Osnabrück war bereits seit den Tagen seiner ausgezeichneten Bischöfe der Cardinäle Itelius Friedrich von Hohenzollern und Franz Wilhelm von Wartemberg im 17. Jahrhunderte durch den Westfälischen Frieden unterbrochen worden.

Während dann nach dem Tode des Churfürsten Clemens August der Prinz Friedrich, Sohn des Königs Georg III. von Großbritanien, gemäß der Bestimmung des Westfälischen Friedens in der Landes-Regierung des Bisthums Osnabrück gefolgt war, hatte der Erzbischof von Köln als Metropolit die geistlichen Angelegenheiten daselbst durch einen Generalvicar besorgen lassen. Und nach der Säcularisation, welcher auch das Bisthum Osnabrück im Jahre 1802 anheimfiel, hatte der Weihbischof Carl Clemens Reichsfreiherr von Gruben, Bischof von Paros in part. inf., der bereits jene Stelle eines Generalvicars bekleidet hatte, als Administrator apostolicus fortgefahren in der Verwaltung der Diöcese, bis er im Jahre 1827 seiner sehr verdienten Wirksamkeit durch den Tod entrissen wurde. Zu seinen Lebzeiten war nach längeren Verhandlungen ein Vertrag zwischen dem Papste Leo XII. und dem Könige Georg IV. von Großbritanien ge=

schlossen, dessen Ergebnisse in der päpstlichen Bulle „Impensa Romanorum Pontificum" vom 26. März 1824 enthalten sind. Durch die letztere, welche auch mittelst königlichen Patents vom 20. Mai 1824 im Königreiche Hannover als Staatsgesetz publicirt wurde, war außer Anderem eine neue Dotation des Bisthums Osnabrück und Herstellung der Selbständigkeit desselben festgesetzt. Es waren sowohl Bestimmungen über die Wahl und den Jahrgehalt des Bischofs und der Mitglieder des Domcapitels getroffen, als auch ein hinreichendes Jahreseinkommen dem zu errichtenden Priesterseminar zugesichert, wie es den Bedürfnissen der Diöcese entsprechend wäre. Jedoch war in jenem Vertrage festgesetzt worden, daß zunächst nur das Bisthum Hildesheim völlig dotirt werden, dagegen in Anbetracht der damaligen Zeitumstände „eine neue Ausstattung der bischöflichen Tafel, des Capitels und Seminars des Bisthums Osnabrück so lange aufgeschoben bleiben sollte, bis die dazu erforderlichen Mittel vorhanden sein würden". Nach der Säcularisation brachten nämlich die eingezogenen geistlichen Güter etwa nur 140,000 Thlr. auf, die Regierung hingegen hatte 150,000 Thlr. an Pensionen zu zahlen.

Mit Trauer hatte man in der Diöcese Osnabrück den Weihbischof von Gruben hinscheiden sehen. Mit froher Erwartung hatte man gehofft, noch während seines Lebens der Wiederherstellung des Bisthums sich erfreuen und ihm als Bischof von Osnabrück huldigen zu können. Jedoch noch lange mußte man sich vertrösten. Zwar unterließ man nicht, sofort im Jahre 1827, nachdem durch den Tod des Herzogs Friedrich von York die Pension desselben im Betrage von jährlich 80,000 Thaler an die Regierung zurückgefallen war, das Cabinets-Ministerium durch ein Memorial an die Ausstattung des Bisthums gemäß dem Concordate zu erinnern; und von verschiedenen Seiten, von dem katholischen Volke, Bürgerschaft sowie Adel, auch unter Betheiligung von Protestanten, und von der Geistlichkeit wurden solche Gesuche oft und dringend wiederholt; aber sie führten noch lange Zeit nicht zu einem practischen Resultate. „Hannover wird sich" — hatte der preußische Gesandte Niebuhr am 23. Januar 1819 an seine Regierung über jene das Concordat betreffenden Verhandlungen geschrieben — in Hinsicht seiner Unterthanen des günstigen Eindrucks zu erfreuen haben; nur hätte man sich mit den Bischöfen liberaler zeigen sollen". Aber leider entsprach das spätere zögernde Verhalten der hannoverschen Regierung in Betreff des Bisthums Osnabrück nicht dem günstigen Eindrucke, welchen der Abschluß der Convention bewirkt hatte. Wohl mit Recht durfte der Deputirte Breusing aus Osnabrück, Protestant, im Jahre 1858 in der zweiten Kammer der hannover'schen Ständeversammlung seine hohe Verwunderung darüber aussprechen, daß man um einer so geringen Summe willen (nämlich die Wiederherstellung des Bisthums erforderte neben vorhandenen Mitteln nur eine jährliche, die Staatscasse belastende Mehrausgabe von 1707 Thlrn. 2 Ggr. 11 Pf.) die gerechten Wünsche und Bitten der Katholiken Osnabrücks so lange unberücksichtigt gelassen habe.

Auch dem Nachfolger des Weihbischofs von Gruben, dem Weihbischofe Lüpke, war es nicht vergönnt, die Hoffnung der Osnabrückischen Katholiken, um deren Verwirklichung auch er mit unausgesetzter Sorge sich bemüht hatte, erfüllt zu sehen. Aber während die Sehnsucht der katholischen Bevölkerung durch seinen Tod mehr, denn je, geweckt wurde, nahte man sich dem ersehnten Ziele. Papst Pius IX. beauftragte im Jahre 1856 den Bischof Johann Georg von Münster mit der Ausführung der Bulle Impensa Romanorum Pontificum, in so weit sie die Herstellung des Bisthums Osnabrück betraf. Die bereits lange schwebenden Unterhandlungen mit der hannover'schen Regierung wegen Ausstattung desselben wurden von ihm zufolge der Weisung des hl. Vaters wieder aufgenommen und gelangten zum erwünschten Abschlusse am 11. November desselben Jahres. Der Bischof unterzeichnete am 7. Februar 1857 zu Hannover im Namen Sr. Heiligkeit einen Vertrag, durch welchen das altehrwürdige von Karl dem Großen gestiftete Bisthum wieder ins Leben gerufen wurde. Freilich kamen noch nicht alle Bestimmungen des früheren Vertrags vom Jahre 1824 zur Ausführung. Die königliche Regierung erklärte, nicht in der Lage zu sein, Alles schon jetzt erfüllen zu können, und sicherte in dieser Convention z. B. für ein in Osnabrück zu errichtendes Priesterseminar außer der Ueberweisung eines Gebäudes nur die jährliche Zahlung von 1000 Thlr. zu. Aber sowie die Regierung des Königs Georg V. jetzt mit gerechter Bereitwilligkeit zur Vollendung der Sache die Hand bot, so bewahrheitete sich auch auf Seiten des apostolischen Stuhles wiederum das, was einst Niebuhr in Hinsicht auf die früheren Verhandlungen betont hatte, nämlich, daß man leicht mit demselben unterhandeln könne, wenn man aufrichtigen Willens verfahre, und was eben dieser Diplomat in Betreff der Verhandlungen, welche er selbst im Auftrage seiner Regierung geführt, an Nicolovius geschrieben hatte: „Der Papst ist zu allem Billigen geneigt und erbötig; man kann sich nicht klarer darüber äußern, als er es noch neulich in einer langen Unterredung gegen mich gethan hat."

Die Freude, welche der Abschluß jener Convention unter der Bevölkerung der so lange verwaiset gewesenen Diöcese Osnabrück hervorrief, wurde bald noch erhöht durch die Nachricht, daß der Generalvicar Melchers in Münster dazu ausersehen sei, den Bischofsstuhl des hl. Wiho zu besteigen. Die Geistlichkeit der Diöcese entsendete eine Deputation nach Münster, um dem Bischofe Johann Georg ein prachtvoll gearbeitetes goldenes Bischofskreuz mit Kette überreichen zu lassen, zum Aus=

druck dankbarer Anerkennung der liebevollen und umsichtigen Fürsorge, mit welcher derselbe als Executor bullae sich der Angelegenheiten der Diöcese Osnabrück angenommen hatte. Schon zuvor hatten die katholischen Deputirten der hannoverschen Ständeversammlung aus dieser Diöcese dem Könige von Hannover eine Dank=Adresse überreicht; und es hatte derselbe mit Wärme erwidert, wie es ihm zur besonderen Freude gereiche, daß Gott es ihm vorbehalten habe, eine Schuld des Welfischen Hauses den katholischen Unterthanen in der Provinz Osnabrück jetzt durch die Wiedereinsetzung des Bisthums Osnabrück abzutragen und dadurch bethätigt zu haben, was er beim Antritt seiner Regierung den Würdenträgern der katholischen Kirche versicherte, ein treuer Schirmvogt dieser Kirche sein zu wollen, wie er ein treuer Schirmvogt und oberster Bischof der protestantischen Kirche in seinem Lande zu sein sich bestrebe.

Der Bischof von Hildesheim, Eduard Jakob Wedekin, wurde als seitheriger Administrator der Diöcese Osnabrück vom Papste beauftragt, die Consecration des neuen Bischofs zu vollziehen, und es ward dazu der 20. April des folgenden Jahres, der Gedächtnißtag des hl. Wiho, ersten Bischofs von Osnabrück, bestimmt. Sowie die Diöcesan=Angehörigen diesem langersehnten Tage mit lebhafter Erwartung entgegensahen, so bot man mit Freude Alles auf, um dem Oberhirten einen würdigen und herzlichen Empfang zu bereiten. Am 17. April traf derselbe in Osnabrück ein. Mit der Stadt wetteiferten die Land=Gemeinden, durch welche der Weg führte, ihm Beweise der Liebe und des Vertrauens entgegen zu bringen. Allerorten war die Straße mit dem festlichsten Schmucke geziert. Ein großer Zug von Landleuten zu Pferde und die angesehensten Bürger in 30 bis 40 Wagen waren ihrem neuen Bischofe mehrere Stunden weit entgegengeeilt, während ihn Deputirte des neuen Domcapitels an der Grenze des Bisthums und die übrige Geistlichkeit der Stadt Osnabrück bei der St. Johanniskirche daselbst in Empfang nahmen. Gemäß dem kirchlichen Ceremoniell in diese Kirche eintretend, ertheilte er den h. Segen. Nachdem dann am 19. desselben Monats die Installation des neuen Domcapitels in der Domkirche durch den Bischof Johann Georg als Executor bullae „Impensa" in feierlicher Weise vorgenommen war, verkündigte am Abende ein einstündiges Geläute aller Glocken der katholischen Kirchen und Kanonendonner die bevorstehende hochwichtige Feier des folgenden Tages. Am Morgen desselben wogten so zahlreiche Schaaren auf den zur Domkirche führenden Straßen, wie Osnabrück sie vielleicht seit Jahrhunderten nicht gesehen hatte. Nicht allein aus der Umgegend, sondern aus allen Theilen der Diöcese war man zu dem langersehnten Feste herbeigekommen. Auch die katholischen Gemeinden der nordischen Missionen und Münster hatten zahlreiche Gäste gesandt. Mit froher Befriedi=

gung wohnte dann die imposante Menge dichtgedrängt in der altehrwürdigen Kathedralkirche der Bischofsweihe bei, welche dort nach so vielen Jahren der Bischof Eduard Jacob unter Assistenz des Bischofs Johann Georg Müller von Münster und Konrad Martin von Paderborn wieder vornahm. Und als dieselbe vollendet war, und der neugeweihte Bischof segnend durch die Kirche schritt, und als er auf seinen Thron geführt die Huldigung seines Clerus empfing, und als er danach in lateinischer Anrede an den Clerus, in deutscher an die übrigen Gläubigen ergreifende Worte der Hingebung an den heiligen übernommenen Beruf, der Liebe und des Vertrauens richtete, da füllte sich manches Auge mit Thränen und jubelten die Herzen mit innigem Danke gegen Gott. Am Nachmittage versammelte ein solennes Festmahl, welches die Diöcesanen ihrem Bischofe und seinen Ehrengästen bereitet hatten, an 250 Personen in den Räumen des „großen Clubs", unter ihnen die Ritterschaft des Landes, zahlreich vertreten in denjenigen ihrer Glieder, welche in der Diöcese Besitzungen haben, sowie Geistliche, Staatsbeamte und Bürger aus allen Theilen derselben. Ein großartiger Fackelzug mit Beleuchtung der zwischen dem Dome und der bischöflichen Curie liegenden Doms-Freiheit und der nahe gelegenen Häuser sowie des Domes beendigte die Feier dieses denkwürdigen Tages. Aus Tausenden von Stimmen unter Begleitung eines Orchesters ertönte zum Schlusse freudig und kräftig das „Herr Gott, Dich loben wir", während die Flammen der zusammengeworfenen Fackeln und bengalisches Feuer tageshell die Domkirche hervortreten ließen, das ehrwürdigste Heiligthum der Diöcese, die Zeugin einer frühen Glanzzeit des Bischofsstuhls des h. Wiho, seiner späteren trauervollen Verwaisung und jetzt wieder seiner freudebringenden Erhebung.

In dem neuen Wirkungskreise des Bischofs Paulus waren manche Umstände vorhanden, welche die bischöfliche Amtsthätigkeit zu einer ungewöhnlich mühevollen machten. Die Diöcese Osnabrück umfaßte zwar nur 92 Pfarrgemeinden mit 154,000 Seelen, und in der katholischen Bevölkerung lebte im Ganzen eine warme Anhänglichkeit und Liebe gegen die hl. Kirche. Sowie die ehrenfesten Bewohner des mittleren Emslands und die beweglicheren Einwohner des Fürstenthums Osnabrück mit den ererbten westfälischen Sitten das Kleinod eines religiösen Familienlebens noch bewahrt hatten, so herrschte auch eine treugläubige Gesinnung in den wenigen katholischen Gemeinden Ostfrieslands und der Grafschaft Bentheim und unter der überwiegend katholischen, einst durch langjährige schwere Bedrückung erprobten, Bevölkerung der Grafschaft Lingen. Die Diöcese aber hat eine ausgedehnte und ungünstige Lage, welche die bischöflichen Visitationsreisen nicht wenig erschwerte. Von der Weser bis an die holländische Grenze und von der preußischen Provinz Westfalen bis zur Nordsee sich erstreckend, umfaßt sie die westliche Hälfte Hannovers, in welche das Großherzogthum Oldenburg von Norden her tief hineinragt. Die kirchlichen Anstalten befanden sich in Folge der früheren mißlichen Zeitverhältnisse meistentheils in großer Dürftigkeit. Und die Gesetzgebung des Königreichs Hannover enthielt noch manche die kirchliche Freiheit beeinträchtigenden Bestimmungen, welche indeß im Allgemeinen in milder Weise gehandhabt wurden.

Zu seinem Generalvicar ernannte der Bischof den Dombechant Beckmann, welcher als Dompfarrer seit dem Tode des Weihbischofs Lüpke die Diöcese in verdienstvoller Weise verwaltet hatte, und trat bereits bald eine Visitationsreise durch die Diöcese an, um die Gemeinden derselben durch eigene Anschauung kennen zu lernen und das hl. Sacrament der Firmung zu spenden. Seine Reise glich einem Triumphzuge. Mit rührender Begeisterung wetteiferten die katholischen Gemeinden sowohl der reichen Umgegend Osnabrücks wie auch der einsamsten Haid=Dörfer des Hümmlings oder der ostfriesischen Städte, nicht selten unter Betheiligung der protestantischen Mitbürger, um dem neuen Oberhirten ihre Freude und ihr verehrungsvolles Vertrauen zu erweisen. Innerhalb dieses und des folgenden Jahres hatte der unermüdliche Bischof alle Kirchen seines Bisthums besucht, und nicht bloß diese, sondern auch die Schulorte, deren manche der zahlreichen großen Kirchspiele gar viele, bis zu 13, zählen.

Sowie aus seinen Worten, die er überall in ergreifenden Predigten an die Gemeinden und bei den Schulvisitationen an die Kinder und ihre Eltern richtete, eine unbegränzte oberhirtliche Sorge hervorleuchtete, so schienen seine Kräfte einer Erschlaffung nicht unterliegen zu können. Ungeachtet der übergroßen Anstrengungen, welche ihm von Tag zu Tag durch die hl. Functionen in den Kirchen, den stundenlangen Aufenthalt in den überfüllten Schulen und die eingehende Prüfung aller kirchlichen Verhältnisse bereitet wurden, und neben den Beschwerden der Weiterreise nach anderen oft entlegenen Orten, vermochte er hier noch ein Armen= oder Krankenhaus zu besuchen oder besonders hülfsbedürftigen Kranken in ihren Wohnungen Trost und Segen zu spenden, dort mit Aufmerksamkeit von den Zuständen des landwirthschaftlichen oder industriellen Betriebs Kenntniß zu nehmen, oder an Orten, wo durch mehrtägigen Aufenthalt es ermöglicht wurde, am Beichthören bis zum späten Abende sich zu betheiligen. Mit dieser aufopfernden Hingebung bemühte er sich auch außer der Zeit seiner Visitationsreisen die Hebung des kirchlichen Lebens in allen Theilen seiner Diöcese und des seiner Obsorge ebenfalls unterstellten apostolischen Vicariats der Nordischen Missionen zu fördern. Inmitten der zusammenströmenden Verwaltungsgeschäfte, zu deren Erledigung ihm nicht das Hülfsmittel all jener Behörden zu Gebote stand, die bei älteren oder ausreichend dotirten bischöflichen Stühlen sich zu befinden pflegen, fand er noch Zeit und Kraft, um dem Drange seines Herzens durch Werke eigener apostolischer Arbeit zu genügen. Oft bestieg er in der Domkirche zu Osnabrück selbst die Kanzel, sei es um eine Reihenfolge von Predigten zu halten, z. B. während des Mai=Monats oder in der Fastenzeit, sei es um an den höheren Festen des Kirchenjahres oder bei Festlichkeiten der kirchlichen Vereine das Wort Gottes zu verkündigen. Ihm war keine Mühe zu groß, um nicht allein allen Gemeinden den Segen einer außerordentlichen Mission zu verschaffen, sondern auch den Erfolg derselben soweit thunlich selbst zu unterstützen. Wie er bei einer zwölftägigen Mission im Dome zu Osnabrück die beschwer= lichste Last des Beichthörens mit den Missionären theilte, so erfreute er gern, wenn immer seine Amtsgeschäfte ihn nicht behinderten, auch entferntere Gemeinden, in deren Mitte eine hl. Mission statt= fand, mit einem Besuche, um durch eine herzliche Ansprache und Er= theilung des apostolischen Segens ihre Andachtsfeier zu beschließen.

Mit besonderer Sorge war er seit seinem Amtsantritte be= dacht auf die Errichtung eines Priesterseminars, welche auch von den Diöcesanen lange mit Sehnsucht und Gebeten herbeigewünscht worden. Ein Jahr nach der Ankunft des Bischofs konnte es, freilich nur mit geringen Hülfsquellen, eröffnet werden. Er selbst verherrlichte die Feier der Eröffnung und Einweihung durch ein Pontificalamt in der Domkirche unter freudiger Betheiligung des katholischen Volkes. Durch das Wohlwollen des Königs Georg V. wurden außer dem vertragsmäßigen geringen Staatszuschusse, dessen oben Erwähnung geschehen ist, jetzt noch 900 Thlr. zu den Kosten der Einrichtung des Seminars und später eine Jahres= rente von 1600 Thlrn. zu dem Unterhalte desselben bewilligt.

Ein lebhaftes Interesse widmete der Bischof nicht minder dem Schulwesen in seinen Sprengeln. An höheren Lehranstalten besitzt die Diöcese Osnabrück namentlich zwei katholische Gym= nasien, welche beide, das altberühmte Carolinum, d. i. die von Karl dem Großen ins Leben gerufene Domschule zu Osnabrück, und das Gymnasium zu Meppen, ihren Charakter als kirchliche Stiftungen zwar nicht mehr im Verlaufe dieses Jahrhunderts unverletzt hatten erhalten können, jedoch dem stiftungsmäßigen Verhältnisse zu ihrem kirchlichen Oberhirten nicht völlig entzogen waren. Mit liebevoller Fürsorge benutzte er gern alle Gelegen= heiten, um die Leistungen sowohl dieser Schulen als auch anderer Unterrichtsanstalten selbst in Augenschein zu nehmen und ihr Wirken durch Beweise seines Wohlwollens oder durch zweck= dienliche kirchliche Anordnungen zu befördern. Da in Osnabrück ein Convict für Schüler des Gymnasiums noch nicht bestand, so ruhte seine Sorge nicht, bis er im Jahre 1862 ein solches eröffnen lassen konnte. In Meppen war schon vor seiner Ankunft ein Convict durch die Geistlichkeit und Laien der Umgegend gegründet worden.

Ein überaus umfangreiches und ihm sehr theueres Arbeitsfeld war seiner Obhut anvertraut in dem Elementarschulwesen, dessen Leitung in der Diöcese Osnabrück noch mehr, als in irgend einer anderen deutschen Diöcese, in der Hand des Bischofs ruhte. Dieser führte die Aufsicht über alle Theile des Unterrichts und stellte die Lehrer an, welche in einem bischöflichen Lehrerseminar zu Osnabrück ausgebildet wurden. Nur die Verwaltung des Schulvermögens der einzelnen Gemeinden, die Schulbauten und die Ergänzung der Schulvorstände wurden auch von einem königlichen Consistorium beaufsichtigt. An Versuchen, die Lehrfreiheit der Kirche zu beeinträchtigen, hatte es früher auch hier nicht gefehlt, aber Hirten und Volk hatten einmüthig und mit Erfolg dieselbe zu erhalten gestrebt, sowohl in der Zeit der französischen Occupation, wo der Weihbischof v. Gruben mit apostolischer Freimüthigkeit gegen die absolutistischen Eingriffe des Präfekten Keverberg sich erhob, als auch später in Hinsicht auf die Gesetzgebung des Königreichs Hannover, wo übrigens auch die königliche Regierung selbst sich einsichtig genug bewies, die Nothwendigkeit der kirchlichen Mitwirkung in der Leitung des Volksschulwesens vor den Landesständen anzuerkennen.

Zur Zeit des Regierungsantritts des Bischofs Paulus befand sich das Schulwesen der Diöcese im Allgemeinen in einem guten Zustande. Die Schulen waren zahlreich, 306 in den 92 Kirchspielen derselben, so daß ihre Zahl um 50 die Menge aller Diöcesan=Geistlichen übertraf. Dieselben in allen Beziehungen zu vervollkommnen gemäß den Bedürfnissen der Gegenwart, war seine angelegentliche Sorge, die er mit unermüdlicher Hingebung und mit der ganzen Thatkraft seines reichbegabten Geistes verfolgte. Zu diesem Ziele trachtete er stets alle Betheiligten zu treuer und opferwilliger Pflichterfüllung zu ermuntern und war selbst Allen ein Muster des aufopfernden Eifers. Die Lehrer erinnerte er in seinem ersten Hirtenbriefe im Jahre 1858 und ebenfalls oft, wenn er in ihre Mitte trat, z. B. nach den jährlichen hl. Exercitien, an die Wichtigkeit ihres heiligen und schweren Berufs und an die Mittel, sich zur Erfüllung desselben nach dem Willen Gottes und dem Geiste der hl. Kirche zu befähigen; die Eltern und Gemeinden ermahnte er an Ort und Stelle, wo eine Veranlassung vorlag, und in seinen allgemeinen Sendschreiben, z. B. im Jahre 1860 nach vollendeter Visitation der ganzen Diöcese, daß sie mit Gewissenhaftigkeit und treuer Mitwirkung den Schulunterricht unterstützen und, wo immer nothwendig, für die Verbesserung der Schulen und den Unterhalt der Lehrer das Erforderliche opferwillig beisteuern sollten; den Geistlichen legte er es mündlich und schriftlich ans Herz, die Fürsorge für die Schulen und den regelmäßigen Besuch derselben sich angelegen sein zu lassen. Er selbst pflegte alle Schulen auf seinen Reisen durch die Diöcese zu besuchen, um dort die Kinder nebst ihren Eltern um sich zu versammeln und eine eingehende Prüfung der ersteren anzustellen. Ueber die Inspection der Schulen erließ er eine neue Verordnung und verdoppelte die Zahl der Kreis=Inspectoren durch Theilung der bisherigen Bezirke.

Wie von einem frischen Lebenshauche durchweht, wurde sowohl das Unterrichtswesen als auch das ganze Gebiet des kirchlichen Lebens von einer neuen Regsamkeit bewegt. Zeugen derselben sind die vielen während der kurzen Regierungszeit des Bischofs Paulus gegründeten oder erneuerten Anstalten. Außer anderen in's Leben getretenen Unterrichtsanstalten weist die Zahl der öffentlichen Elementarschulen in der Diöcese eine Zunahme von 8 auf; eine große Menge von Schulen wurden neu gebaut. Eine erhebliche Zahl von Krankenhäusern wurden in verschiedenen Theilen der Diöcese errichtet, unter ihnen das blühende Marien=Hospital in der Stadt Osnabrück. Eine nicht geringe Reihe von ansehnlichen Kirchen ward neu gebaut, so daß der Bischof noch etwa 8 (abgesehen von denjenigen, welche vorläufig durch einfache Benediction geweiht wurden) selbst consecriren konnte; in einer weit größeren Zahl wurden Restaurationen unternommen, — an ihrer Spitze befindet sich die Domkirche in Osnabrück, — oder der Schmuck derselben durch gute Werke der christlichen Kunst ergänzt.

III.

Sobald Bischof Paulus die erste Rundreise in seinen Sprengeln beendigt hatte, trat er im Frühjahre 1860 eine Reise nach den Gräbern der Apostel an, um dem hl. Vater Bericht zu erstatten und seinen Segen zur Fortführung des bischöflichen Amtes zu empfangen. Mit ihm reiste der jetzige Bischof von Münster, damals Generalvicar und Domcapitular daselbst. Nicht würdiger können wir dem Leser davon erzählen, als durch Wiedergabe der Worte des Bischofs selbst, mit welchen er nach der Heimkehr in einem Rundschreiben die empfangenen Eindrücke seinen Untergebenen schilderte.

„Gestern bin ich" — schrieb er — „von meiner Pilgerfahrt nach Rom wieder heimgekehrt und habe unter Gottes gnädigem Schutze die ganze Reise ohne irgend einen Unfall glücklich und schnell vollendet, wofür ich Euch Allen, die Ihr mich während derselben mit Euren Gebeten um Gottes Schutz und Segen begleitet habt, zum innigsten Danke verbunden bin; weshalb ich mich gern beeile, Euch von dem Erfolge meiner Reise schon heute eine kurze Mittheilung zu machen. Schon bald nach meinem Eintreffen in der heiligen Stadt, welches am 14. März erfolgte, hatte ich Gelegenheit, den Hauptzweck meiner Romreise zu erfüllen, dem hl. Vater, dem Oberhaupte der Kirche, dem sichtbaren Stellvertreter Jesu Christi, in meinem und Eurem

Namen die gebührende Verehrung, Ergebenheit und Liebe zu erweisen; und ich finde keine Worte, um Euch die Freude auszudrücken, mit welcher ich es gethan; Euch die väterliche Liebe, Freundlichkeit und Milde zu beschreiben, womit der hl. Vater mich aufgenommen, und die innige Theilnahme und Sorgfalt, womit er über alle meine theure Heerde betreffenden Angelegenheiten meine Mittheilungen und Berichte entgegennahm. Ich hatte zweimal das Glück, Stunden lang mit dem hl. Vater allein zusammen zu sein, ihm alle mir am Herzen liegenden Anliegen vorzutragen, und verdanke diesen glücklichen Stunden einen reichen Schatz von Trost und geistiger Stärkung und die volle Ueberzeugung, daß wir in dem Nachfolger Petri einen wahren Vater und Hirten im vollsten Sinne des Wortes haben und verehren. Noch tiefer wurde ich in dieser Ueberzeugung begründet, als ich Gelegenheit hatte, den hl. Vater in seinen kirchlichen Functionen zu sehen, als ich am Palmsonntag aus seiner Hand die geweihte Palme entgegennahm, als ich am Grünendonnerstag aus seiner Hand in Gemeinschaft mit so vielen andern Bischöfen aus allen Theilen der Welt den Leib des Herrn empfing, als ich am hl. Osterfeste das Glück hatte, dem feierlichen Amte beizuwohnen, welches der hl. Vater selbst, umgeben von allen Cardinälen und zu Rom anwesenden Bischöfen, im St. Peters-Dom darbrachte, sowie dem feierlichen Segen, den er, der höchste Träger der kirchlichen Vollmachten, von seinem erhabenen Throne aus mit einem unbeschreiblichen Ausdruck von Glauben, Andacht, Vertrauen und Liebe allen Gläubigen der Welt ertheilte. Ich kann Euch nicht sagen, wie sehr mich dieser Anblick gerührt und erfreut hat, und welchen Eindruck das großartige Bild der katholischen Einheit und Allgemeinheit auf mich gemacht hat, welches ich bei diesen feierlichen Gelegenheiten, wo der hl. Vater, umgeben von Bischöfen aus allen Welttheilen, die alle, wie ihre Heerden, in dem Einen wahren Glauben und in heiliger Liebe mit dem Oberhaupte der Kirche vereinigt sind, die hohen Geheimnisse unseres Glaubens und besonders das unblutige Opfer unsers Heilandes mit unbeschreiblicher Würde und Andacht darbrachte, vor meinen Augen gewisser Maßen verkörpert sah.

Der hl. Vater befindet sich wohl, sieht mit gläubigem Muth und festem Gottesvertrauen in die freilich noch sehr dunkele Zukunft, und ist fest entschlossen, auf dem Wege zu verharren, den er unter so allgemeiner und lauter Zustimmung der ganzen Kirche seinen Feinden und Widersachern gegenüber betreten hat. Er war sichtbar gerührt durch die zahlreichen und höchst erfreulichen Beweise der Anhänglichkeit und Liebe, welche ihm von allen Seiten in jüngster Zeit zugegangen sind. Er hat mich insbesondere beauftragt, Euch Allen, Geliebte in dem Herrn, seinen Dank auszudrücken für die Kundgebung solcher Gesinnungen, welche er aus der Diöcese sowohl als aus den Missionen in der durch meine Vermittlung ihm zugegangenen Adresse und Liebesgabe empfangen hat. Der hl. Vater empfiehlt sich wieder und wieder Eurem andächtigen Gebete und ertheilt Euch Allen aus liebendem Herzen seinen apostolischen Segen....."

Der Bischof machte dann die Mittheilung, daß der hl. Vater in Anerkennung der besonderen Verdienste des Generalvicars Domdechant Beckmann um die Diöcese sowohl als die nordischen Missionen denselben zum päpstlichen Geheimkämmerer ernannt und dem Domcapitel das Vorrecht, sich violetter Chorkleidung zu bedienen, verliehen habe. Wir haben hinzuzufügen, daß der hl. Vater dem Bischof selbst durch ehrenvolle Gnadenerweisungen sein hohes Wohlwollen bezeigte. Er ernannte ihn zu seinem Hausprälaten und Thronassistenten und ließ ihn als solchen während der hl. Function des Palmsonntags zum päpstlichen Throne berufen. Auch beschenkte er ihn nach seiner ersten Audienz mit einer reich geschmückten Osterkerze, einem Prachtexemplar des Pontificale Romanum und einem Canon Missae.

Seine Heimreise beschleunigte der Bischof, weil auf den 29. April dieses Jahres die Eröffnung der Provinzial-Synode zu Köln festgesetzt worden war. Obwohl die beiden hannoverschen Bisthümer in Folge der Bulle „Impensa" nicht zur Kölnischen Kirchenprovinz gehören, sondern exemt sind, nahmen doch die Bischöfe von Hildesheim und Osnabrück gemäß den canonischen Vorschriften Theil daran. Am Schlusse des obenerwähnten Rundschreibens verordnete er öffentliche Gebete wegen dieses erfreulichen und wichtigen Ereignisses, von welchem er als einem der wirksamsten Mittel zur Hebung des kirchlichen Lebens und Wirkens segensreiche Früchte für die Diöcesen erwartete. Demgemäß war er hernach mit Sorgfalt und Umsicht bemüht, die vom apostolischen Stuhle genehmigten und belobten Beschlüsse dieser Synode allseitig in seinen Sprengeln zur Ausführung zu bringen.

Im Jahre 1862 begab er sich wiederum nach Rom und wohnte den erhabenen Feierlichkeiten bei, die in den Tagen des Pfingstfestes dort sich ereigneten. Die große Zahl von mehr als 300 Bischöfen aus allen Theilen der Welt und mit ihnen eine ungeheure Zahl von Priestern und Laien, an 80,000 Fremde, welche sich um den Vater der katholischen Christenheit geschaart hatten, die feierliche Heiligsprechung von 26 japanesischen Blutzeugen und einem Bekenner, die feierliche Erklärung des Stellvertreters Christi, die Freiheit und Unabhängigkeit des apostolischen Stuhles und der hl. Kirche gegen die Eingriffe der modernen Ungläubigen und irre geleiteten Söhne der Kirche schützen und vertheidigen zu wollen, der einstimmige Zuruf der Billigung aus dem Munde der Cardinäle, Patriarchen, Erzbischöfe und Bischöfe und ihr Versprechen, mit ihrem Oberhaupte und Vater in allen Gefahren und Kämpfen, welche bevorstehen würden, bis an's

Ende treu ausharren zu wollen, das Alles war ein bedeutungsvolles und großartiges Ereigniß in der Geschichte der christlichen Kirche, an welchem alle Katholiken den innigsten Antheil nehmen durften. Um so mehr wünschten die Osnabrückischen Diöcesanen ihrem Oberhirten, dessen Tugenden und Seeleneifer sie mit Bewunderung und Dankbarkeit schätzen gelernt hatten, einen festlichen Empfang bei seiner Rückkehr zu bereiten. Ueberrascht durch eine unerwartet frühe Ankunft desselben aber wählte man das bald folgende Namensfest desselben, um Morgens durch Darbringung der Glückwünsche und Abends durch eine glänzende Ovation mit Fackeln und Musik ihm eine herzliche Huldigung zu erneuern.

Es ist durch die öffentlichen Blätter erwähnt worden, daß er im Jahre 1864 eine Zeitlang für die Wahl auf den erledigten Bischofsstuhl von Trier vor Allen ausersehen war. Aber man fand ihn selbst nicht geneigt. Weder die Mühen seines doppelten Amtes, noch ein mehrjähriges Fieberleiden, welches ihn — sei es im Gefolge klimatischer Einwirkung, sei es in Folge der Mängel seiner Wohnung — um diese Zeit belästigte, noch die geringere Dotation seines bischöflichen Stuhles (welche dem Einkommen der Bischofssitze in den älteren preußischen Provinzen um ein Drittel nachsteht) vermochten ihn etwa einem Wechsel seiner Stellung geneigt zu machen, den vielleicht Mancher aus den heutigen Anklägern unserer Bischöfe nur als eine „Verbesserung" schätzen würde. In seinem Amte, welches er zu Osnabrück übernommen, gedachte er zu leben und zu sterben, wie er nach seiner Ernennung zum Erzbischof von Köln in einem Erlasse vom 12. Januar 1866 bemerkte, aber ein höherer Wille verordnete es anders.

Apostolischer Provicar der Nordischen Missionen von Deutschland und Dänemark.

I.

Außer dem Bisthum Osnabrück war dem Bischof Paulus noch ein anderer Sprengel anvertraut, das **Apostolische Vicariat der Nordischen Missionen von Deutschland und Dänemark**, der nicht groß an Zahl der Gemeinden, aber von sehr erheblicher Bedeutung war wegen der örtlichen Verhältnisse der meisten von diesen in weiter Entlegenheit zerstreuten Missionsgemeinden. Zur Zeit des Amtsantritts desselben im Jahre 1858 umfaßte dieses Apostolische Vicariat nur dreizehn Missionsgemeinden, die eines regelmäßigen Gottesdienstes sich erfreuten, mit 12,821 bekannten Katholiken innerhalb eines weiten Ländergebiets, welches einst an dreizehn Bisthümer gezählt hatte. Dieser Bezirk erstreckte sich über Dänemark, Schleswig-Holstein, Lauenburg, die beiden Mecklenburg, Lippe-Schaumburg und die drei freien Städte Hamburg, Bremen und Lübeck.

So verschieden wie die Zahl der Katholiken an den Missionsorten dieser Länder, war auch die Freiheit ihres kirchlichen Lebens sehr ungleich.

Nicht gering war außer den wenigen Städten, wo katholische Kirchen sich befanden, die Zahl der Orte, an welchen oder in deren Umgebung die Menge der Katholiken so groß war, daß die Einrichtung einer Kirche und einer Schule nicht länger hätte unterbleiben dürfen, wenn nicht die Fesseln einer intoleranten Gesetzgebung und der Mangel an Mitteln es verhinderten.

Nur im eigentlichen Königreiche Dänemark genossen die Katholiken eine vollständige Religionsfreiheit und politische Gleichberechtigung seit der Einführung des neuen dänischen Grundgesetzes vom 5. Juni 1849. Dagegen war die katholische Kirche in den unter dem dänischen Scepter stehenden Herzogthümern Schleswig und Holstein noch so gefesselt und unterdrückt, wie in den letzten Jahrhunderten. Sie durfte nur an den wenigen bestimmten Orten ihren Cultus ausüben, keine Glocken und Thürme haben, und kein katholischer Priester durfte ohne Erlaubniß der protestantischen Kirchenbehörden an anderen Orten einen pfarramtlichen Act vornehmen. In ähnlicher Lage befanden sich die Katholiken des Großherzogthums Mecklenburg-Schwerin. Nur in Schwerin und Ludwigslust durften Priester wohnen. Außerhalb dieser Städte war ihnen keine andere geistliche Wirksamkeit erlaubt, als jährlich ein einmaliger Gottesdienst in Bützow und Rostock (an letzterem Orte, wo mehr als fünfzig Katholiken waren, nur zur Zeit des Pfingstmarkts) und die Spendung der hl. Sterbesacramente an Kranke. Im Großherzogthum Mecklenburg-Strelitz wurde nicht einmal der beständige Aufenthalt eines Priesters gestattet.

Diese Unduldsamkeit wider die katholische Kirche war im besonderen Maße im Jahre 1839 zum Ausdrucke gelangt, als der Apostolische Stuhl einen eigenen Apostolischen Vicar für dieses Vicariat in der Person des hochwürdigen Herrn Laurent ernannt hatte. Vorzüglich auf Betreiben Dänemarks wurde ein so schroffer Widerspruch dagegen erhoben, daß der hl. Stuhl daraus Veranlassung nahm, einem benachbarten Bischofe und zwar dem Weihbischof Lübke zu Osnabrück als Provicar die oberhirtliche Fürsorge für die Katholiken des Vicariatsbezirks zu übertragen. Indessen auch er fand seine Amtsthätigkeit durch Hindernisse beeinträchtigt. In Dänemark ward ihm durch königlichen Erlaß vom 9. Juni 1841 jede persönliche Ausübung einer Function untersagt, und seitens derselben Regierung wurde noch später beim kaiserlich-österreichischen Hofe und mittelbar in Rom eine Beschwerde geführt, als der Weihbischof in der Kirche zu Kiel die hl. Messe während seines dortigen Aufenthalts gelesen hatte.

Die Lage der Katholiken in dem weiten Umkreise dieses Bezirks war also von der Art, daß ihre geistlichen Bedürfnisse völlig die Sorge eines Oberhirten erschöpfen konnten. Mit welcher Liebe und Sorge Bischof Paulus auch diese bei seinem Amtsantritte übernahm, zeigte sich bereits in den Worten seines Hirtenbriefes, den er am Tage seiner Consecration an die Gläubigen seines Bisthums und des Apostolischen Vicariats erließ. „Ich wende mich" — schrieb er — „insbesondere jetzt an Euch Geliebte in dem Herrn, die Ihr fern von Eurem Oberhirten in den Missions-Gemeinden wohnt, deren Obsorge mir zugleich mit dem Bisthum Osnabrück vom hl. Vater übertragen worden ist. Auch an Euch sind die vorstehenden Worte meines Hirtenbriefes gerichtet. Eure eigenthümliche Stellung aber legt mir eine doppelte Sorge auf für das Heil Eurer Seelen; denn ihr entbehrt in der zerstreuten Lage, worin ihr Euch befindet, allerdings mancher Vortheile und Hülfsmittel, deren der katholische Christ in der Mitte eines geschlossenen Bisthums sich zu erfreuen hat. Ihr seid manchen Gefahren ausgesetzt, wovor jener gesichert ist. Darum ermahne ich Euch um so inniger und bringender: Haltet Euch treu und fest an Euren Heiland und seine hl. Kirche, schließet Euch innig an Eure Seelsorger, schaaret Euch engverbunden im Glauben und Liebe um das hl. Kreuz!"

Ebenso wie die Katholiken der Diöcese Osnabrück, wurden die Missionsgemeinden schon vor dem Ablaufe des zweiten Jahres durch den Besuch ihres neuen Oberhirten erfreut. Seine Reise schien das Vorzeichen einer günstigeren Zeit für die bedrängten Katholiken zu sein, die mit der freudigsten Begeisterung ihren Oberhirten empfingen. An manchen Orten, namentlich in den katholischen Gemeinden von Schleswig, Holstein und Dänemark hatte ein katholischer Bischof nicht mehr seit 2—3 Jahrhunderten die hl. Sacramente spenden dürfen. In Dänemark war der letzte katholische Bischof, Joachim Rönnow, im Jahre 1542 als Gefangener zu Kopenhagen gestorben, treu seinem Glauben und seiner Amtspflicht, die er bei der gewaltsamen Einführung des Protestantismus nicht hatte verläugnen wollen. Die Haltung der meisten Regierungen dem neuen apostolischen Provicar gegenüber war eine gerechtere und rücksichtsvollere. Es wurde ihm nicht mehr ein Hinderniß im Betreff der Ausübung der bischöflichen Functionen in den katholischen Kirchen in den Weg gelegt. Sowohl der König Friedrich VII. von Dänemark als auch der Großherzog von Mecklenburg empfingen ihn mit huldvoller Achtung und gastlicher Zuvorkommenheit.

Jedoch verflossen noch mehrere Jahre, bis diesem Wohlwollen

der Landesfürsten entsprechend auch die gesetzlichen Fesseln, welche die freie Religionsübung der Katholiken noch hemmten, allmählich sich löseten. Der Missionspfarrer zu Kiel wurde sogar nach der Abreise des Bischofs Paulus im Jahre 1859 vom dortigen Magistrate noch zur Verantwortung gezogen, weil er zugelassen, daß derselbe gottesdienstliche Handlungen während seiner Anwesenheit vorgenommen habe. Und in der holstein'schen Ständeversammlung verlautete in den Jahren 1859 und 1863 bei den Berathungen über die Religionsfreiheit der Katholiken noch manches Wort der alten vorurtheilsvollen Unduldsamkeit. Erst im Jahre 1862 wurde durch königliche Resolution vom 14. Dec. dem Bischof officiell gestattet, die katholischen Gemeinden in Holstein zu beliebigen Zeiten zu visitiren und bischöfliche Functionen bei dieser Gelegenheit vorzunehmen. Einen großen Fortschritt in der Lage der holstein'schen Katholiken brachte aber ein im Juli 1863 veröffentlichtes Gesetz, wodurch die schlimmsten der bisherigen Beschränkungen gemäß dem Beschlusse der Ständeversammlung endlich aufgehoben wurden. Auch den schleswig'schen Katholiken wurde bald eine Befreiung aus der langjährigen Bedrückung zu Theil, und zwar in Folge des Krieges vom Jahre 1864. Nachdem die verbündeten Preußen und Oesterreicher in Schleswig eingerückt waren, wurde die Religionsfreiheit der Katholiken gesetzlich sanctionirt. Demnach konnte der Bischof zunächst den 200 Katholiken in Flensburg und Umgegend die Wohlthat eines regelmäßigen Gottesdienstes und Schul-Unterrichts zuwenden und für andere noch vor seiner Berufung nach Köln die einleitenden Anordnungen zu gleichem Zwecke treffen. Etwa sechs katholische Elementarschulen wurden während seiner Amtsführung im Bereiche der Nordischen Missionen eröffnet.

Der Krieg überhäufte den so reichlich belasteten Bischof mit neuen Mühen und schweren Sorgen. Ihm oblag sowohl die Fürsorge für die kirchlichen Angelegenheiten der dänischen Katholiken, — und es wurde z. B. der Gottesdienst in dem belagerten Fridericia eine Zeit lang ganz unterbrochen und die katholische Kirche beschädigt, während fast alle Bürger nach der Insel Fühnen zu flüchten genöthigt waren, — als auch die oberhirtliche Obsorge für die einheimischen Katholiken in den Herzogthümern Schleswig und Holstein und für die Katholiken unter den hannoverschen Truppen, welche Holstein besetzt hielten und anfangs ohne Begleitung eines katholischen Geistlichen waren, bis ein solcher nach beharrlichem Bemühen des Bischofs denselben beigegeben wurde.

Daß es nicht möglich war, der religiösen Entbehrung und Bedürftigkeit so vieler zerstreuten und verlassenen Katholiken seines weiten Missions-Sprengels abhelfen zu können, war dem seeleneifrigen Oberhirten eine schmerzliche Bekümmerniß, die er mitunter inmitten seines Diöcesan-Clerus mit tief bewegtem

Herzen äußerte, um ihn besonders zur Hülfeleistung des Gebets zu ermuntern. Diese Sorge verließ ihn nicht als Erzbischof von Köln, sondern veranlaßte ihn, seine neuen Untergebenen mit eindringlichen Worten um eine jährliche Weihnachts-Spende für die hülfsbedürftigen Glaubensbrüder des Nordens zu bitten. „Ihre Bedrängnisse und Bedürfnisse sind mir sehr wohl bekannt" schrieb er in seinem Erlasse vom 12. December 1866 — „und nicht minder weiß ich, wie viele und dringende der letzteren ich vor einem halben Jahre unbefriedigt habe verlassen müssen, wie viele neu angefangene und im Werke begriffene Anstalten noch unvollendet sind, und wie schwer es meinem Herrn Amts=nachfolger fällt, dieselben zur Vollendung zu führen"....

II.

Seine liebevolle Fürsorge für die Katholiken in der nordischen Diaspora drängte den Bischof dazu, so oft wie es seine anderweitigen oberhirtlichen Obliegenheiten nur zuließen, ihre Gemeinden zu besuchen, um ihre Verhältnisse im Einzelnen durch eigene Wahrnehmung kennen zu lernen und auf die Hebung des kirchlichen Lebens selbst einzuwirken. Im Jahre 1863 machte er abermals eine Rundreise durch den ganzen Bezirk des Apostolischen Vicariats. Durch dieselbe wurden auch zwei Gemeinden, die noch eines Priesters entbehrten, nämlich denen zu Neu=Strelitz und zu Flensburg, das Glück zu Theil, daß zum ersten Male ihr Oberhirt in ihrer Mitte das hl. Opfer feierte und die hl. Firmung spendete. Ihm wurde in der eigenen Ausübung seines Amtes nicht mehr eine Schwierigkeit in den Weg gelegt, außer daß ihm in Kopenhagen bei der diesmaligen Anwesenheit von dem Minister für das Herzogthum Schleswig das frühere an den Apostolischen Provicar Lübke gerichtete Verbot wieder zugestellt wurde. Indessen der König Friedrich VII. verordnete alsbald mit edlerem Gerechtigkeits=sinn, daß der Bischof nicht in der freien Vornahme der bischöflichen Functionen an den von Katholiken bewohnten Orten behindert würde, und ehrte ihn selbst wieder, wie bei der ersten Anwesenheit desselben in Kopenhagen, sowohl durch einen überaus aufmerksamen Empfang als auch durch eine große Hoftafel unter Zuziehung der katholischen Gesandten, des Conseils=Präsidenten, des Oberpräsidenten von Altona, der katholischen Geistlichen von Kopenhagen ꝛc. Eine gleiche Ehre wurde dem Bischofe in diesem Jahre zu Bückeburg, der Residenzstadt des Fürstenthums Schaumburg=Lippe, an dem Tage erwiesen, wo er die neue katholische Kirche daselbst consecrirt, und auch der Fürst Adolf selbst mit seinem Hofstaate dem Pontifical=Amte und der Predigt des Bischofs beigewohnt hatte.

Eine Menge von anderen erfreulichen Zeugnissen, die durch diese Reisen des Bischofs sowie durch andere Ereignisse oder durch einzelne besondere Festlichkeiten katholischer Gemeinden in diesen Jahren veranlaßt wurden, machten es ersichtlich, wie ein großer Theil der alten Vorurtheile gegen die katholische Kirche, dieser mächtigsten Triebfedern der Intoleranz, in vielen Kreisen der nichtkatholischen Bevölkerung einer besseren Erkenntniß Platz machte. Unverhohlen sprachen manche Zeitungen die Achtung aus, welche durch die ehrfurchterweckende Erscheinung des Bischofs bei den kirchlichen hl. Verrichtungen, durch die liebevollen und kräftigen Worte seiner Predigten und durch die Erhabenheit der Ceremonien des katholischen Gottesdienstes in jenen Kreisen hervorgerufen worden.

Man fand auch während des deutsch-dänischen Krieges im Jahre 1864 Gelegenheit, die aufopfernde Liebesthätigkeit katholischer Orden mit Bewunderung zu sehen und ihnen eine gerechtere Anerkennung zu erweisen. Selbst die gefürchteten Jesuiten und ihre Missionen ernteten in mehreren hervorragenden Städten, wo man bei Missionspredigten sie von Angesicht zu Angesicht sehen und ihre Worte hören konnte, in Hamburg (1862), Kopenhagen (1862) und Bremen (1863), ein reiches Maß duldsamer und lobender Urtheile.

Unter den wiederholten Reisen, durch welche der liebevoll besorgte Oberhirt auch in den letzten Jahren 1864 und 1865 nach verschiedenen Missionsorten sich begab, sind vorzüglich die hervorzuheben, welche durch die Feier des Millenariums des hl. Ansgarius verursacht waren. Am 3. Februar 1865 vollendeten sich 1000 Jahre seit dem seligen Tode dieses großen Apostels und Erzbischofs von Hamburg und Bremen, dem Norddeutschland und Scandinavien vor Allen die Bekehrung zum Christenthum und die christliche Cultur verdanken. Sein Name war auch unter der protestantischen Bevölkerung des Nordens sowohl durch viele alte Denkmäler der Verehrung desselben als auch durch neuere Erinnerungen an ihn, z. B. durch die in Dänemark und Schweden vor 36—38 Jahren veranstalteten Festlichkeiten zu Ehren der ersten Ankunft Ansgars vor 1000 Jahren, in besonderer Achtung erhalten worden. Die Katholiken feierten sein Fest alljährlich mit dankbarer Verehrung als ein Fest höheren Ranges; in Hamburg und Kopenhagen verehrte man ihn zudem als Patron der dortigen Kirchen. Einstimmig sprachen die im August des Jahres 1864 zu Hamburg um ihren Oberhirten versammelten Priester des ganzen Vicariatsbezirks ihm den Wunsch aus, daß das tausendjährige Jubiläum zu Ehren des Heiligen im folgenden Jahre durch eine besondere Feier in allen Gemeinden verherrlicht werden möge. Nichts konnte demselben angenehmer sein, welcher ohnedies sowohl in seiner Diöcese Osnabrück als auch in den nordischen Missionen die Verehrung der hl. Glaubensboten und der übrigen Heiligen der betreffenden Länder mit tiefbegründeter Sorgfalt zu wecken bestrebt war. Er ordnete eine achttägige Jubelfeier an durch ein Rundschreiben vom 28. December 1864, in welchem er die Verdienste des hl. Ansgar und die Bedeutung dieser Gedächtnißfeier hervorhob und außer den Vorschriften für die letztere den Wunsch äußerte, daß fortan zur weiteren Förderung der Zwecke dieser Jubelfeier monatlich oder vierteljährlich in allen Kirchen eine St. Ansgarius-Andacht stattfinden und ein tägliches Gebet verrichtet werden möge, um namentlich die Bekehrung der Sünder und die Wiedervereinigung der Völker des Nordens im wahren Glauben durch die Fürbitte der allerseligsten Jungfrau und des hl. Ansgar von Gott zu erflehen. Den Kirchen zu Hamburg und Kopenhagen verlieh er Reliquien ihres hl. Patrons. Von unvergeßlich ergreifendem Eindrucke für die Katholiken Hamburgs und Altona's war die am 3. Februar in ihrer Mitte beginnende Jubelfeier, zu welcher außer dem Bischofe auch vier durch Rednergabe und Tugend ausgezeichnete Ordensmänner: der Cameliter-Prior P. Hermann (Cohen) aus London, die Redemptoristen P. Hugues aus Trier und P. Zobel aus Luxemburg und der Kapuziner-Provinzial P. Clarentius aus Münster gekommen waren, um während der Festoctave die Heilswahrheiten zu predigen. Die beiden Ersteren sind Söhne Hamburgs, die durch Gottes besondere Führung zur katholischen Kirche berufen worden sind. Inmitten der erhebenden Festlichkeit aber vergaß der Bischof nicht seiner verlassensten Kinder. Nachdem er die Feier zu Hamburg durch ein feierliches Pontificalamt und eine Anrede eröffnet und am folgenden Tage in der Kirche zu Altona die hl. Messe nebst Predigt gehalten hatte, reiste er nach der Stadt Eutin, um am Sonntage während der Festoctave unter den dortigen Katholiken, die noch eines Priesters entbehrten, den Gottesdienst zu feiern.

In Kopenhagen wurde das Jubiläum erst am 9. September dieses Jahres, dem Tage der Uebertragung der Reliquien des hl. Ansgar, von dem Bischof eröffnet. Auf der Reise dahin spendete derselbe das hl. Sacrament der Firmung an mehreren Orten, worunter zum ersten Mal in Schleswig, wo die Katholiken noch ohne Priester sind. In Hamburg versammelte sich unter seinem Vorsitze wieder die Geistlichkeit aus dem ganzen Bereiche der Nordischen Missionen. Am 8. September, dem Festtage der Geburt Mariä, vollzog er die Consecration der Kirche des hl. Ansgar zu Kopenhagen, die nach ihrer Erbauung vorläufig nur die einfache Benediction erhalten hatte und jetzt durch vorzügliche, vom Maler Settegast ausgeführte, Fresko-Malereien im Innern würdig vollendet worden war. Auch dort wurden dann täglich zwei Predigten von den einheimischen Geist-

lichen sowie von auswärtigen Welt= und Ordenspriestern wäh=
rend der achttägigen Festzeit gehalten, welche sehr segensreiche
Früchte trug.

III.

Je mehr die Katholiken in den Nordischen Missionen und
in der Diöcese von Jahr zu Jahr Gelegenheit gehabt hatten,
der Segnungen sich bewußt zu werden und zu erfreuen, die
ihnen durch die aufopfernde Fürsorge und Thätigkeit ihres
Oberhirten zuflossen, und je mehr bei den ersteren eben die
Feier des St. Ansgar's=Jubiläums diese Werthschätzung noch
erhöht hatte, desto lebhafter wurden sie alle durch das Gerücht
berührt, welches gegen Ende des Jahres 1865 verlautete, daß
nämlich Bischof Paulus ausersehen sei, als Nachfolger des am
8. September 1864 verschiedenen Erzbischofs und Cardinals
Johannes von Geissel den erzbischöflichen Stuhl von Köln zu
besteigen. Es fand bald seine Bestätigung durch die Nachricht,
daß der hl. Vater am 8. Januar 1866 die Ernennung desselben
wirklich vollzogen hatte. Gedrängt von herzlicher Betrübniß
wegen des bevorstehenden Verlustes, beeilte man sich aus allen
Kreisen der Diöcese und der Nordischen Missionen dem ver=
ehrten Oberhirten in der kurzen Frist noch die dankbare Ver=
ehrung und Anhänglichkeit zu bezeigen. Er verließ Osnabrück
am Abende des 12. Aprils, der für die dortigen Katholiken ein
so bewegter wie schmerzlicher Tag war. Nachdem am 11. ds. Mts.
der Staatsminister und Landdrost Freiherr von Hammerstein
zu Ehren des Scheidenden ein Abschieds=Diner gegeben, kamen
am folgenden Tage zahlreiche Deputationen, um diesem ein
letztes Lebewohl zu sagen und Geschenke zur Erinnerung an die
Liebe der Angehörigen seiner bisherigen Sprengel zu überreichen.
Der Clerus der Diöcese und der Nordischen Missionen, an ihrer
Spitze der neu erwählte Bischof, der hochwürdige Herr Johannes
Heinrich Beckmann, übergab ihm einen prachtvollen Kelch, der
einem im Dome zu Osnabrück befindlichen und vom Bischofe
an hohen Festen gebrauchten Original glücklich nachgebildet
war, der Clerus der Missionen noch besonders ein kostbares
Missale, der Osnabrückische St. Elisabeth=Verein einen kunst=
fertig gestickten Teppich, die katholische Bürgerschaft Hamburg's
ein sehr werthvolles Crucifix, die Laien der Diöcese zwei herr=
liche sechsarmige silberne Leuchter mit einer Adresse in einer
prächtigen blausammeten Mappe.

Sehr schmerzlich hatte die Ernennung den Bischof selbst
betroffen und mit Sorgen erfüllt. Wiederholt hatte er die auf
ihn sich richtende Wahl abgelehnt, und nur der entschiedene
Wille des hl. Vaters ihn zur Uebernahme der größeren Bürde
bewogen.

Nachdem er schon durch einen Erlaß vom 12. Januar ds. Js. seine Untergebenen von der geschehenen Ernennung in Kenntniß gesetzt hatte, richtete er an seine Diöcesanen und übrigen Untergebenen ergreifende Abschiedsworte am Schlusse des Hirtenbriefs, den er zum Beginne der Fastenzeit erließ und in welchem er das Gebet behandelte, als Fortsetzung einer Reihenfolge von sehr vortrefflichen Fasten=Belehrungen über die nothwendigen Heils=Mittel.

Wohl fanden diese Worte jetzt so empfängliche und bewegte Herzen, wie kaum ein anderes Mal, als eindringliche Nachklänge der Liebe, des Seeleneifers und der Hingebung, womit der edle Bischof seit acht Jahren unter ihnen gewirkt hatte.

„Wir haben euch bereits" — schrieb er — „angekündigt, daß es Gott in seinem unerforschlichen Rathschlusse gefallen hat, Uns von der Uns so theuren Heerde zu trennen und zu einem andern Wirkungskreise zu berufen. Mit Schmerz und Furcht hat dieser Ruf Unser Herz erfüllt. Denn von Anfang an haben Wir die Uns zuerst anvertrautte Heerde mit inniger Liebe umfaßt, und diese Liebe ist gewachsen in den verflossenen 8 Jahren Unsers Hirtenamtes. Haben Wir doch unter euch so manche Seelen gefunden, die in lebendigem Glauben unserm Herrn und Heilande und ihrer Mutter, der heil. Kirche, anhangen und dienen, manche, die noch in einfacher christlicher Sitte lebend sich fern halten von dem großen Verderben der heutigen Welt, Viele, die mit Freuden und Bereitwilligkeit die Stimme ihres Hirten hören und befolgen.

Geliebte in dem Herrn, bewahret den kostbaren Schatz des Glaubens, bewahret das unschätzbare Erbtheil einfacher, christlicher Sitte; bleibet treue gehorsame Kinder der hl. Kirche, seid und bleibet treue und gute Unterthanen, seid und werdet immer mehr gute Christen. Damit ihr es aber vermöget und standhaft bleibet unter allen Gefahren und Versuchungen des irdischen Lebens, so benützet fleißig das große Mittel des Heiles, das Gebet. Betet täglich, betet beharrlich! Verharret bei der alten schönen Sitte des gemeinschaftlichen täglichen Gebetes im häuslichen Kreise! Betet im Verein mit den Heiligen und ganz besonders mit der allerseligsten Jungfrau und Gottesmutter Maria! Rufet täglich an ihre mächtige Fürbitte. — Betet für unsere Mutter, die jetzt mehr als jemals von ihren Feinden verfolgte und unterdrückte hl. Kirche! Betet für ihr Oberhaupt, unsern vielgeprüften und bedrängten hl. Vater und verharret in eurer Opferwilligkeit, welche in dem verflossenen Jahre wiederum eine Summe von 4200 Thlr. als Unterpfand eurer Liebe ihm dargebracht hat. Betet täglich um die Wiedervereinigung aller Christen im wahren Glauben!

Betet für alle eure geistlichen und weltlichen Obrigkeiten und Vorgesetzten in Staat und Kirche! Betet täglich für eure Eltern und Angehörigen, für eure Freunde und Feinde, für die Lebendigen und Abgestorbenen! Verharret im andächtigen Gebete, daß Gott die bevorstehende Wahl Unsers Nachfolgers segnen und euch einen Hirten nach Seinem Herzen geben, oder vielmehr dem für euch von Seiner Vorsehung bestimmten Hirten ein Herz nach Seinem Herzen geben wolle! Betet für eure Seelsorger! Betet für einander!

Betet auch für Uns, auf daß der Herr mit Seiner Gnade Uns begleiten und stärken wolle in dem neuen und schweren Hirtenamte, welches er jetzt auf unsere schwachen Schultern legt, zu Seiner Ehre und zum Heile der Seelen zu wirken. Wir werden euch, Vielgeliebte, nie vergessen, Wir werden täglich im hl. Opfer eurer gedenken und zu Gott flehen, daß wir uns einst Alle wieder finden am Throne Gottes!

An euch insbesondere, geliebte Eltern und theure Lehrer der Jugend, die ihr Gott Lob! noch so enge mit der hl. Kirche und eurem Oberhirten verbunden seid, richten wir noch ein Wort der Ermahnung: Wachet und betet für die euch anvertrauten Seelen. Erziehet sie im Geiste des Glaubens und der hl. katholischen Kirche, und machet ihnen theuer und werth von Jugend auf die hl. Religion und das große Mittel des Heiles, das Gebet, durch Beispiel und Lehre. Euer Gebet begleite, schütze und segne sie auch dann, wenn eure Hand sie nicht mehr leiten, eure Augen sie nicht mehr sehen können. Empfehlet auch ihrem Gebete die euch von Uns empfohlenen Anliegen!

Ihr aber, liebe Kinder, die ihr in diesem Jahre zum ersten Male das große Glück haben werdet, euren Herrn und Heiland im hl. Sacramente zu empfangen, bereitet euch sorgfältig zu diesem wichtigsten Tage eures Lebens vor, und benutzet vor Allem die ersten Augenblicke nach diesem Empfange, um mit vollem Vertrauen alle eure Anliegen im Gebete Gott vorzutragen!

Euch endlich, ehrwürdige Brüder und Mitarbeiter, die ihr seit acht Jahren mit Uns gemeinschaftlich im Weinberge des Herrn gearbeitet und mit so großer Liebe und Opferwilligkeit in der Ausübung des Hirtenamtes Uns unterstützt habet, euch sprechen Wir hierdurch aus dem Grunde Unserer Seele herzlichen Dank aus für alle Güte und Liebe, womit ihr Uns beigestanden seid und geben zum Abschied der ehrwürdigen Geistlichkeit des Bisthums Osnabrück sowohl als der Nordischen Missionen mit freudigem Herzen das ehrenvolle Zeugniß, welches ihrem Glauben, ihrem Eifer und priesterlichen Wandel gebührt. Bestrebet euch darin zu beharren und täglich fortzuschreiten. Bleibet des jetzt mit Schmerz aus euerer Mitte Scheidenden eingedenk, sowie auch er eurer täglich gedenken wird. Lebet wohl!

Wir segnen euch Alle in der Liebe unsers Herrn und Heilandes Jesu Christi im Namen des Vaters, des Sohnes und des hl. Geistes. Sein Segen komme über euch und bleibe bei euch von Geschlecht zu Geschlecht bis in Ewigkeit. Amen! — Gelobt sei Jesus Christus!"

Erzbischof von Köln.

I.

Am 8. September, dem Feste Mariä Geburt, 1864, starb zu Köln nach einem mehrjährigen Leiden der Cardinal Johannes von Geissel, Erzbischof von Köln und geborener Legat des hl. apostolischen Stuhles.

Die Erzdiöcese Köln empfand tief und lange den Verlust ihres ausgezeichneten Oberhirten, der 23 Jahre lang, zuerst als Coadjutor des ruhmwürdigen Erzbischofs Clemens August und seit dem Tode desselben als sein Nachfolger, ihr vorgestanden hatte. Mehr als ein Jahr verfloß, ohne daß die gespannte Erwartung und die Gebete der Kölnischen Katholiken erfüllt wurden. Es verlautete, von der Königlichen Staatsregierung seien so viele aus denjenigen, welche das Metropolitan-Capitel vorläufig für die Wahl zum Erzbischof ausersehen und derselben dem Herkommen gemäß namhaft gemacht hätte, als ihr nicht genehm bezeichnet worden, daß eine freie canonische Wahl nicht mehr habe geschehen können; und nochmals sei dasselbe Hinderniß eingetreten, nachdem der Apostolische Stuhl die abgelaufene Wahl-Frist dem Capitel verlängert habe. Endlich wich die peinliche Erwartung einer freudigen Befriedigung. Der hl. Vater präconisirte am 8. Januar 1865 zum Erzbischofe von Köln den bisherigen Bischof von Osnabrück, welchen das Metropolitan-Capitel selbst zweimal in die Wahlliste aufgenommen hatte.

Da in Hinsicht auf die entstandenen Hindernisse nicht mehr eine Aussicht dazu vorhanden zu sein schien, daß eine freie gesetzmäßige Wahl vom Kölnischen Capitel vorgenommen werden könnte, hatte der Papst endlich beschlossen, die Wiederbesetzung des bereits so lange verwaisten erzbischöflichen Sitzes für dieses Mal sich vorzubehalten, und hatte zur Erledigung der wichtigen Angelegenheit Unterhandlungen mit der preußischen Regierung führen lassen.

Der neuernannte Erzbischof verließ am 12. April Osnabrück, um sich zunächst nach Berlin zu begeben und vor dem Könige gemeinschaftlich mit dem neuen Erzbischof von Gnesen-Posen, Miecislaus Grafen Ledochowski, den Huldigungseid abzulegen. Dieser Act fand am 14. dieses Mts. nach der Schilderung des ‚Staatsanzeigers' in feierlicher Weise statt. Gegen 2 Uhr Nachmittags wurden die beiden Erzbischöfe zu diesem Behufe durch königliche Equipagen nach dem königlichen Palais abgeholt und dort von dem Ober=Ceremonienmeister Grafen Stillfried de Alcantara und dem Ober=Hofmarschall Grafen Pückler empfangen. Die Feierlichkeit fand in dem zum Audienzzimmer bestimmten blauen Saale statt, in Gegenwart des Kronprinzen, des Cultus=Ministers, sowie des Dirigenten für die katholischen Kirchen=Angelegenheiten in seinem Ministerium, der Minister der Justiz und des Innern, des General=Adjutanten, der Flügel=Adjutanten vom Dienst und des Cabinetsraths Sr. Majestät. Der Präsident des Staats=Ministeriums Graf von Bismarck war durch Krankheit am Erscheinen behindert.

Den Act der Eidesleistung selbst leitete der in der erzbischöflichen Würde ältere Erzbischof von Gnesen=Posen, Graf Ledochowski, Namens beider Erzbischöfe durch eine an den König gerichtete Ansprache ein. Sodann leisteten die beiden Erzbischöfe, einer nach dem andern, den Huldigungseid nach der ihnen durch den Geh. Reg.=Rath Dr. Kraetzig übergebenen schriftlichen Norm, unter Berührung des Evangeliums, welches ihnen von den sie begleitenden Geistlichen gehalten wurde.

Nach der Eidesleistung gab der Erzbischof von Köln Namens beider Erzbischöfe den Gefühlen des Dankes gegen Se. Majestät Ausdruck durch folgende mit Wärme gesprochenen Worte:

„Ew. Königlichen Majestät sprechen wir unterthänigsten Dank aus für die Allerhöchste Gegenwart, womit Sie den h. Act unserer Eidesleistung zu beehren geruht haben. Wir erkennen darin einen neuen Beweis der großen Hochachtung und Wohlgewogenheit Ew. Majestät gegen die hl. Kirche, deren Diener zu sein wir die Ehre haben. Wir sind durch die Eidesleistung heute eingetreten in den Unterthanenverband des Königreichs und haben diesen Schritt gethan mit dem ernsten Willen und Vorsatz, in treuester Erfüllung der Unterthanenpflichten allen unserer Obsorge anvertrauten Gläubigen mit einem guten Vorbilde voran zu leuchten und zugleich unsern amtlichen Einfluß immer dahin zu verwenden, daß dieselben als gute Christen nicht nur in Glauben und Gehorsam Gott treu dienen, sondern auch als gute Unterthanen von den Gesinnungen der Ehrfurcht, Treue und Liebe gegen ihren König immer mehr durchdrungen werden und schuldigen Gehorsam den Gesetzen erweisen. Ueberzeugt, daß die Verhältnisse von Staat und Kirche nur dann segensreich und gedeihlich sich entwickeln, wenn die beiderseitigen Organe im Frieden und Eintracht nach dem gemeinschaftlichen Ziele zusammenwirken, werden wir stets — wir geloben es gern — uns angelegen sein lassen, so weit es in unsern Kräften steht, diesen Frieden und diese Eintracht aufrecht zu erhalten. Ew. Königliche Majestät bitten wir um den Allerhöchsten Schutz in der Ausübung unseres wahrlich nicht leichten Amtes und verbinden damit gern die Versicherung, daß es uns stets eine heilige und angenehme Pflicht sein wird, durch heiße Gebete den Schutz des Allerhöchsten und die reichsten Segnungen des Himmels auf das theuere Haupt Ew. Majestät und auf das Allerhöchstdero Königlichem Scepter unterworfene Vaterland herabzuflehen."

Der König schloß hierauf den feierlichen Act mit folgenden an die beiden Erzbischöfe gerichteten huldvollen Worten:

„Es ist mir angenehm gewesen, Sie, Hochwürdige Herren, beim Antritt Ihres erzbischöflichen Amtes persönlich zu empfangen, und das feierliche Gelöbniß, welches Sie so eben abgelegt und mit ihrem Eide bekräftigt haben, als Unterpfand Ihrer Gesinnungen gegen mich und mein königliches Haus von Ihnen entgegenzunehmen. Die Verhältnisse der katholischen Kirche im Bereich Meines ganzen Landes finden sich durch geschichtliche Entwickelung, Recht und Verfassung in wohlgeordnetem Zustande. Unter dem Schutze gerechter und wohlwollender Gesetze darf sie auf ihrem Gebiete frei und ungehindert ihre Thätigkeit entfalten. Es gereicht Mir zur Genugthuung, daß diese Thatsache, wie sie in dem Munde des sichtbaren Oberhauptes Ihrer Kirche mehrfach eine gerechte Würdigung erfahren hat, so auch in den Herzen Meiner getreuen Unterthanen dankbare Anerkennung findet. Die katholische Kirche in meinen Staaten darf der Fortdauer meines landesväterlichen Schutzes versichert sein. Insbesondere mögen auch Sie, Hochwürdige Herren, auf meine Unterstützung in der Erfüllung Ihrer Aufgabe rechnen, deren Schwierigkeit ich nicht verkenne.

Mit um so größerer Zuversicht hege Ich aber auch zu Ihnen die Erwartung, daß Sie, wie Sie so eben durch einen feierlichen Eid vor Gott gelobt haben, in den Ihrer bischöflichen Obhut anvertrauten Diöcesanen den Geist der Ehrfurcht und Treue gegen mich und mein Königliches Haus und des Gehorsams gegen die von Gott geordnete Obrigkeit, so wie die Achtung vor den Gesetzen des Staates pflegen und nähren und Frieden und Eintracht unter den Staatsangehörigen nach Kräften fördern werden. In diesem Vertrauen heiße Ich Sie in meinem Lande willkommen, welches, wie es Ihnen eine heimathliche Stätte und ein reiches Feld der Wirksamkeit bietet, mit gleicher Zuversicht auf Ihre Hingebung für seine hohen und heiligen Interessen rechnet."

Nach Beendigung der Eidesfeierlichkeit wurden die Erzbischöfe von der Königin empfangen und erschienen um 5 Uhr bei den Königlichen Majestäten zu einem Diner, an welchem auch die bei der Eidesleistung in Function gewesenen Würdenträger und Solennitätszeugen Theil nahmen.

Am 1. Mai, dem Feste der hl. Apostel Philippus und Jacobus, empfing der neue Erzbischof von Köln das heilige Pallium, das Zeichen der erzbischöflichen Würde, zu Münster aus der Hand des dazu beauftragten Bischofs Johann Georg, des ältesten Suffragan-Bischofs der Kölnischen Kirchenprovinz.

Die übrige Zeit bis zum Antritte seines Amtes in Köln, welcher auf den 8. Mai, d. i. auf den Dienstag in der Bittwoche, festgesetzt worden, widmete er der geistigen Vorbereitung, wie er sie bei allen wichtigen Schritten seines Lebens vorzunehmen nicht unterließ. Dieselbe hat in bezeichnender Weise Ausdruck gefunden am Schlusse des ersten Hirtenbriefs, den der Erzbischof am Tage seiner Inthronisation an die Erzbiöcesanen erließ: . . . „Geliebte in dem Herrn, ich setze ein großes Vertrauen auf die wunderbare Kraft des Gebetes. Möchten wir Alle sie recht erkennen und hochschätzen, und nie vergessen, daß der göttliche Heiland dem Gebete sichere Erhörung verheißen hat. Betet mit Vertrauen, mit Andacht und Beharrlichkeit. Ja, laßt uns im Glauben und in der Liebe Jesu Christi vereinigt unabläßig unsere Herzen und Hände zu Gott dem Allmächtigen und Allgütigen erheben! Laßt uns beten unter Anrufung der mächtigen Fürbitte der allerreinsten Jungfrau Maria! Ihr empfehle ich heute alle mir anvertrauten Seelen und meine Amtsführung ganz besonders und stelle mich selbst und das ganze Erzbisthum unter ihren mütterlichen Schutz und Schirm. Möge ihre wahre Verehrung sich immer mehr verbreiten, möge ihre Anrufung und die Nachfolge ihrer Tugenden reiche Früchte bringen für das ewige Leben! Laßt uns durch ihre Fürbitte täglich zu Gott flehen für alle unsere Anliegen und besonders für das Anliegen unserer hl. Kirche, daß alle Menschen zur Erkenntniß und Liebe Jesu Christi und zur Einheit des wahren Glaubens gelangen, daß der Herr würdige Arbeiter sende in seinen Weinberg, daß der Frieden und die Eintracht unserm deutschen Vaterlande erhalten werde. Laßt uns täglich beten für das Oberhaupt unserer hl. Kirche, unsern vielgeliebten und hartbedrängten hl. Vater, auf daß Gott ihn stärke und leite auf dem Wege seines göttlichen Wohlgefallens! Laßt uns beten für unsern Allergnädigsten König und Landesvater und für das ganze Königliche Haus! Betet für alle geistlichen und weltlichen Vorgesetzten, für euere Eltern, Seelsorger und Lehrer, für die Lebendigen und Abgestorbenen!"

Nach dem Empfange des hl. Palliums begab sich der Erzbischof nach Kevelaer, um an diesem Gnadenorte der allerseligsten Jungfrau einige Tage in stiller Zurückgezogenheit zu verweilen und von hier in die Erzbiöcese einzutreten. Kaum zwei Jahre waren verflossen, seit er daselbst bei der mit großer Feierlichkeit vollzogenen Consecration der neuen Wallfahrtskirche durch eine ergreifende Predigt zum Vertrauen auf die Fürbitte Mariä ermuntert hatte.

Am 8. Mai wurde der Erzbischof von einer Kölnischen Deputation mittelst Extrazuges von Kevelaer abgeholt. Kurz nach 9 Uhr verkündeten in Köln Geschützsalven sowie das Feiergeläute sämmtlicher katholischen Kirchen der auf's Allerfestlichste geschmückten Stadt die Ankunft desselben. Während vom Dome aus die Innungen, Genossen= und Bruderschaften, sowie die Congregationen mit ihren Bannern und Fahnen sich aufgestellt hatten, war das Metropolitan=Domcapitel mit dem gesammten Pfarrclerus der Stadt und vielen auswärtigen Geistlichen, den obersten königlichen und städtischen Behörden, zahlreichen Notabilitäten aus Köln und von auswärts, — darunter der Ober=Präsident der Rheinprovinz v. Pommer=Esche, der commandirende General des 8. Armee=Corps, die Generalität, der rheinisch=westfälische Adel, — in der großen, schön decorirten Vorhalle des Bahnhofgebäudes versammelt. Nach Anlegung der Pontifical=Kleidung trat der Erzbischof vor die zu seinem Empfange bereit stehende Versammlung, wo ihn zuerst der Dompropst Dr. München, angethan mit dem Pluviale und der Mitra, im Namen des Domcapitels und Clerus bewillkommnete. Der Oberbürgermeister, geziert mit der goldenen Kette, begrüßte den Kirchenfürsten im Namen der Stadt Köln. Als der Festzug im Dome angelangt war, verrichtete der Erzbischof vor dem Hochaltar ein kurzes Gebet und wurde danach durch den Dompropst zu dem Thronsessel geleitet. Der Weihbischof celebrirte sodann das festliche Pontificalamt. Demnächst verlas der Domcapitular Dr. Kirch die Präconisations=Bulle in lateinischer Sprache, wonach der Erzbischof im hohen Chor eine lateinische Rede an das Domcapitel und den Clerus hielt. Nach Beendigung derselben trat er vor den am Chorabschnitt errichteten Muttergottes=Altar, richtete von dort aus eine längere deutsche Anrede an die versammelten Gläubigen und betete nach derselben die Litanei von allen Heiligen vor. Sodann begab sich der Oberhirt wieder in das hohe Chor, wo ein feierliches Te Deum angestimmt wurde, während dessen das Domcapitel, der Dom= und Pfarrclerus ihre Huldigung darbrachten. Von Seiten des Militärs war in den Dom ein combinirtes Infanterie=Bataillon als Ehrenwache commandirt. Darauf erschien der Erzbischof, vom Domcapitel umgeben, auf der vor dem alten Domthurme errichteten, sehr geschmackvoll decorirten Estrade, um von hier aus den vielen Tausenden, welche Kopf an Kopf standen, den apostolischen Segen zu ertheilen. Der Zug, welcher sich sodann vom Dome nach dem erzbischöflichen Palais bewegte, war ein höchst imposanter. Mehr als 80 Vereine nahmen Theil an demselben.

Am Nachmittage fand ein Festmahl auf dem reich geschmückten Gürzenichsaale statt, unter Betheiligung von nahezu vier Hundert Theilnehmern. Am Abende entfaltete sich eine reiche Illumination. Es erschien vor dem erzbischöflichen Palais ein Zug von etwa vier Tausend Fackelträgern mit den Fahnen und Emblemen der verschiedenen Vereine und Congregationen, welche zusammen mit fünf Gesang=Vereinen dem Gefeierten zum Schlusse des Tages eine festliche Ovation darbrachten.

Der Fremdenconflux wegen des seltenen Festes war enorm. Der ganzen Garnison war Feiertag gegeben und die Soldaten erschienen im Sonntags=Anzuge.

II.

Vor fünfundzwanzig Jahren hatten die bereitwillige Unter=werfung unter den hl. Willen Gottes, das innige Vertrauen auf Ihn und die vollkommene Hingebung an seinen Beruf den Erzbischof in den Priesterstand eingeführt. In ihnen fand er auch jetzt, nachdem sie in der 25jährigen Wirksamkeit bewährt worden, eine hohe Stärkung, um sich den ausgedehnten Arbeiten des neuen, nach seiner Erkenntniß so verantwortungsvollen, Amtes mit gewohnter Selbstaufopferung zu unterziehen. — „Ich sehe mich versetzt" — sprach er in seinem ersten Hirtenschreiben vom 8. Mai 1866 — „an die Spitze eines mir seither noch un=bekannten Sprengels, dessen Seelenzahl mehr als neun Mal so groß ist, als die des früheren und dessen hervorragende Stellung und ausgezeichnete Würde ganz andere Kräfte, Fähig=keiten und Verdienste erfordern, als ich sie mir zutrauen darf. Ja, wenn ich auf meine Schwäche und Unwürdigkeit blicke, Ge=liebte in dem Herrn, dann fühle ich mich fürwahr zu Boden gedrückt durch die schwere Bürde, welche heute auf meine Schultern gelegt ist, und ich möchte verzagen bei dem Gedanken an die vielen und schweren Pflichten, welche ich übernommen, bei dem Hinblicke auf die strenge Verantwortung und Rechen=schaft, welche ich dereinst dem göttlichen Oberhirten abzulegen haben werde....

Groß und schwer fürwahr sind die mir wohlbekannten Pflichten der Bischöfe, „welche der hl. Geist gesetzt hat, um die Kirche Gottes zu regieren" (Act. 20, 28). Unter dem anziehen=den und lieblichen Bilde eines guten Hirten hat sich der gött=liche Heiland selbst im Evangelium Seinen Aposteln und ihren Nachfolgern als Vorbild vor Augen gestellt; sie sollen Seine Stelle in der ihnen anvertrauten Heerde vertreten. Der Hirt muß seine Schafe leiten und führen auf gute Weide, sie be=wahren und beschützen vor ihren Feinden, und bereit sein, das Leben zu opfern für seine Heerde. Er muß die verirrten Schäflein zurückführen zur Heerde: ja, der gute Hirt geht dem verirrten Schäflein nach in die Wüste, bis er es findet, und wenn er es gefunden hat, dann nimmt er es auf seine Schultern und trägt es zur Heerde zurück mit Freude (Luc. 15, 4—5)...

Mit dem ernsten Willen, die Pflichten meines Hirtenamtes, soweit es meiner Schwachheit mit Gottes Gnade möglich ist, treu zu erfüllen und nichts anderes als Gottes Ehre und das Heil der Seelen zu suchen, komme ich zu euch, geliebte Erz=biöcesanen, und begrüße euch in der Liebe und in dem Namen unseres Herrn und Heilandes Jesu Christi, des guten Hirten, welcher mich zu euch sendet, um für das Heil eurer Seelen zu sorgen und Seine Stelle unter euch zu vertreten..."

Uneractet der besonderen Mühen, welche mit der Uebernahme der Leitung einer so großen und mit kirchlichen Anstalten der verschiedensten Art reich ausgestatteten Diöcese von nahezu 1,400,000 Seelen anfangs verknüpft waren, folgte der edle Oberhirt ohne Verzug dem Verlangen seines Herzens, um den einzelnen Gemeinden und Anstalten selbst seine Aufmerksamkeit zuzuwenden. Fast täglich besuchte er, und zwar unangemeldet, eine der Kirchen, Schulen oder Wohlthätigkeitsanstalten der Stadt Köln. Bald erschien der ehrwürdige Kinderfreund in der Mitte der Kinder einer Elementarschule und prüfte sie in seiner liebreich gewinnenden Weise, bald reichte er den Neu=Communicanten des städtischen Waisenhauses nach einer ergreifenden Anrede selbst die erste hl. Communion, bald besuchte er ein Hospital, wie er auch in Osnabrück häufig gethan hatte, besichtigte es in allen Theilen und unterhielt sich tröstend und ermunternd mit den einzelnen Kranken, sowohl den weniger leidenden wie denen in der Fieberstation.

Noch in demselben Jahre sahen auch einige andere von den größten Städten der Erzdiöcese, wie Aachen, Crefeld, Düsseldorf, ihren neuen Erzbischof in ihren Mauern, und nahm derselbe die Spendung der hl. Firmung und die kirchliche Visitation in fünf Decanaten vor. Seinem neuen Wirkungskreise wurde er in diesem Jahre auf einige Tage dadurch wieder entzogen, daß er am 18. October in der Domkirche zu Osnabrück unter Assistenz des Bischofs Eduard Jacob von Hildesheim und des Weihbischofs Baudri die Consecration des neu erwählten Bischofs von Osnabrück, Johann Heinrich Beckmann, vollzog.

Ihm selbst gewann sein apostolisches Wirken in der Erzdiöcese schnell die Herzen des Volkes, je mehr man von Tag zu Tag Gelegenheit hatte, seine opferwillige Hingebung und liebreiche Milde durch eigene Wahrnehmung kennen zu lernen. Was er in seinen früheren Wirkungskreisen mit allen Kräften zu befördern und zu pflegen bemüht gewesen und was er namentlich dem Clerus der Diöcese Osnabrück und der Nord. Missionen in seinem Abschiedsschreiben vom 10. April 1866 mit unvergeßlichen Worten nochmals an's Herz gelegt hatte, das war auch jetzt auf einem ungleich größeren Arbeitsfelde der Gegenstand seines Bestrebens, seiner oberhirtlichen Sorge und vor Allem seines eigenen Handelns: „Die würdige Zierde des Hauses Gottes, die treue Beobachtung der hl. Gesetze der Kirche, vorzüglich aber die Erbauung des geistigen Tempels durch fruchtbare Verkündigung des Wortes Gottes, durch sorgsame Spendung der hl. Sacramente, durch eifrige Beförderung der Verehrung und des Empfangs des hochheiligen Altarssacraments und der innigen Verehrung der allerseligsten Jungfrau Maria, durch unermüdliche Fürsorge für die Schulen und Kranken, durch erbauliche Vorbereitung auf die erste hl. Communion und auf die Trauung und überhaupt durch heiligmäßige Verrichtung aller Pastoral=Obliegenheiten." Insbesondere aber hatte er den Geistlichen selbst zur Sicherung ihres eigenen Seelenheils und zur Unterstützung ihres Wirkens eindringlich empfohlen „die beharrliche Uebung des Gebets und der Betrachtung, das tägliche Studium der hl. Wissenschaften, die häufige und sorgfältige Beichte, die hl. Exercitien, die Nachfolge Christi durch das unabläßige Streben nach eigener Vervollkommnung und Abtödtung, die häufige Abhaltung der Pastoralconferenzen und die treue Pflege des Pactum Marianum," eines Gebetsvereins der Geistlichen und eines ähnlichen der Lehrer, welche im Jahre 1864 auf seine Anregung und unter sehr zahlreicher Betheiligung in's Leben getreten waren.

Bald nach seinem Amtsantritte versammelte er den Clerus der Stadt Köln zu einer Pastoralconferenz um sich und veranlaßte das regelmäßige Stattfinden derselben. Schon in der Diöcese Osnabrück hatte er am Schlusse der Visitationsreisen in jedem Decanate eine Pastoral=Conferenz unter seinem Vorsitze stattfinden lassen. Er beobachtete in der Erzdiöcese Köln jetzt nicht minder diesen nutzreichen Gebrauch, der unter der persönlichen Leitung eines solchen Oberhirten ohne Zweifel so geeignet ist, wie kaum ein anderes Mittel, um den Mangel einer Diöcesan=Synode einigermaßen zu ersetzen. Auch bei den hl. Exercitien sah der Clerus ihn als Bischof und Erzbischof häufig in seiner Mitte. Wenn nicht die bringendsten Umstände ihn fern hielten, wohnte er alljährlich denselben bei und reichte den Versammelten zum Schlusse die hl. Communion.

Seiner Aufmerksamkeit und Sorge war nichts fremd, was nach den Zeitumständen im Allgemeinen oder nach den besonderen Bedürfnissen einzelner Klassen des Volkes zum Wohle desselben und zur Beförderung des kirchlichen Lebens dienlich erschien. Sein klarer Blick erkannte schnell die Bedürfnisse in den kirchlichen oder socialen Verhältnissen und seine entschlossene Energie legte ohne Scheu vor eigener Mühe und Opfer Hand an's Werk, um die nöthige Hülfe zu bringen oder das erkannte Gute auszuführen.

Unvergeßlich dürfte es in der Diöcese Osnabrück sein, wie er mit Umsicht und Festigkeit wiederholt in Betreff der religiösen Angelegenheiten der katholischen Soldaten Vorsorge traf und wie er mit wahrhaft rührender Hirtensorge am Vorabende vor dem Auszuge der hannover'schen Truppen nach Holstein im Herbste 1863 die katholischen Soldaten zu Osnabrück in der Domkirche versammelte und mit seinem Segen eine eindringliche Ermahnung über ihre Pflichten an sie richtete. In ähnlicher Weise sah Köln ihn sowohl bei dem Ausbruche des

Krieges im Jahre 1870 die ausrückenden Mannschaften ermuntern und auf die bevorstehenden Gefahren vorbereiten, als auch während des Krieges die Bemühungen für die seelsorgliche und leibliche Pflege derselben, wodurch die Rheinlande vor allen Provinzen sich auszeichneten, mit seinem ganzen Einflusse befördern.

Eine sorgsame Aufmerksamkeit widmete er in seinen verschiedenen oberhirtlichen Stellungen auch der Lage und den Gefahren des Dienstbotenstandes und überhaupt der arbeitenden Klassen. Davon zeugten in Osnabrück und den Nordischen Missionen manche Aeußerungen seiner Erlasse und Anreden an den Clerus, in Köln u. a. das im Jahr 1866 ins Leben gerufene Mägdehaus oder seine Ansprache an die kathol. Generalversammlung zu Düsseldorf i. J. 1869. Oft hatten die Vereine, die sich der Linderung socialer Nothstände oder der Fürsorge für einzelne Volksklassen widmen, z. B. die St. Vincenzvereine, Frauen-Wohlthätigkeitsvereine, Gesellenvereine in Osnabrück, den nordischen Städten, Köln u. s. w. seiner anregenden und erhebenden Worte sich zu erfreuen.

Auch durch Preisaufgaben suchte er die gründliche Prüfung und Verfolgung dieser Zwecke zu befördern. Während seiner Amtsführung zu Osnabrück stellte er seinem Clerus die in Hinsicht auf die ländlichen Arbeiter der Diöcese wichtige Aufgabe, die Nachtheile des sog. Hollandgehens, d. i. der jährlichen Arbeiter-Wanderung nach den Niederlanden, und die Mittel der Abhülfe darzulegen. Sowohl in Osnabrück als auch in Köln schrieb er ebenfalls historische Preisaufgaben aus, dort — die Anfertigung einer Lebensgeschichte des großen Bischofs und Cardinals Franz Wilhelm von Wartemberg, hier — einer Kirchengeschichte der Erzdiöcese.

Mehrere Begebenheiten, welche dem Erzbischof in den ersten Jahren seiner Amtsführung in besonderer Weise einen angenehmen Genuß gewährten, sind einer Erwähnung werth. Am 4. September 1867 vollendeten sich 25 Jahre seit der feierlichen Legung des Grundsteins zur Fortsetzung des lange unterbrochenen Baues des Kölner Doms. Dieser denkwürdige Tag, an welchem man nun den Dom selbst vollendet und die beiden Thürme bereits in etwa der Vollendung entgegengeführt sah, wurde als Jubeltag unter Anwesenheit des Kronprinzen von Preußen als Vertreters des Königs festlich begangen. Ein anderes Ereigniß war eine großartige Feier der Erbauung des geistigen Gottestempels. Vom 22. November bis zum 8. December 1868 wurde auf Anregung des seeleneifrigen Oberhirten eine Mission gleichzeitig in 11 Kirchen der Städte Köln und Deutz von Mitgliedern des Jesuiten-, des Franziskaner-, des Kapuziner-, des Redemptoristen- und des Lazaristen-Ordens gehalten. Der Erfolg war ein sehr erfreulicher, der Besuch der Predigten zu jeder Tageszeit und auf allen Punkten ein überaus zahlreicher, der Empfang der hl. Sacramente so allgemein, daß daß die Zahl der hl. Communionen auf ungefähr 30,000 geschätzt wurde.

Mit Freude und Begeisterung sprach der Erzbischof in der Schlußpredigt am Feste der unbefleckten Empfängniß, dem Patrocinium der Erzbiöcese, seinen Dank gegen Gott aus für den segensreichen Erfolg dieser Tage. Er selbst hatte während der Mission in allen Kirchen, in denen sie abgehalten wurde, die Runde gemacht und meist schon um 5 Uhr die hl. Messe daselbst celebrirt.

Eine dritte überaus erfreuliche Begebenheit war die erhebende Jubelfeier der ganzen katholischen Kirche, welche im Jahre 1867 in Rom gefeiert wurde und ungefähr 500 Bischöfe am Grabe des Apostelfürsten vereinigte, die achtzehnhundertjährige Gedächtnißfeier seines Todes, verbunden mit der Festlichkeit der Heiligsprechung von 19 Märtyrern von Gorkum und 6 anderen Heiligen, und der Seligsprechung von 205 japanesischen Märtyrern. Zum vierten Male reiste der Erzbischof zur Zeit derselben nach der ewigen Stadt. Mit den übrigen Bischöfen erhielt er dort von dem städtischen Municipium die Würde eines römischen Patriciers.

III.

Unter den wichtigsten Werken, an welchen der Erzbischof Paulus in seinem thatenreichen Leben Theil hatte, ragen über alle hervor die Conferenzen des preußischen und deutschen Episcopats und das Vaticanische Concil.

Sowie einst im Jahre 1848 die Versammlung der deutschen Bischöfe in Würzburg, angeregt und geleitet von seinem Vorgänger dem Erzbischof von Geissel, eine große Tragweite und Wirkung hatte, so waren jetzt von unschätzbarem Segen für Deutschland's Katholiken diese Conferenzen, welche seit dem Jahre 1867 fast jährlich auf die Einladung und unter dem Vorsitze des Cölner Erzbischofs am Grabe des hl. Bonifacius, in Fulda, stattfanden. Abgesehen von den anderen wichtigen Gegenständen und Resultaten der Berathungen, wurde dadurch das einmüthige Zusammenwirken der Bischöfe in der verhängnißvollen inneren Erschütterung Deutschlands vermittelt, welches die ganze katholische Welt und die vorurtheilsfreien nichtkatholischen Christen mit Bewunderung hochachten. Und aus diesem einmüthigen Verkehr der deutschen Kirchenfürsten erflossen jene gemeinsamen Erlasse voll Weisheit, Kraft und Würde, wie die Hirtenbriefe und Denkschriften aus den Jahren 1869, 1870, 1871, 1872, 1873 und 1874, welche theils zum gläubigen Vertrauen und Gehorsam hinsichtlich des berufenen öcumenischen Concils mit würdevoller Zuversicht aufforderten, wider die Verirrungen der unkirchlichen Wissenschaft und die grundstürzenden Plane des kirchenfeindlichen

Liberalismus ihre Stimme erhoben, und die Rechte und die Freiheit der Kirche vertheidigten, theils die Mittel der Rettung aus den Wirrsalen der zusammenbrechenden Rechtsordnung und der socialen Nothstände darlegten, zur Erweisung der schuldigen Achtung gegen die weltlichen Obrigkeiten sowie zur starkmüthigen und gottvertrauenden Erduldung der Drangsale der Zeit ermunterten.

Am 8. December 1869 nahm das bedeutsamste Ereigniß dieses Jahrhunderts, das Vaticanische Concil, seinen Anfang. Der Erzbischof war berufen, einen hervorragenden Antheil daran zu nehmen. Er wurde von den Vätern des Concils zum Vorsitzenden der aus fünf Mitgliedern bestehenden Deputation der judices excusationum erwählt, welchen die Prüfung der Gründe der Abwesenheit oder Entfernung vom Concil oblag. Bei den Verhandlungen der Generalcongregationen, in welchen die zu erlassenden Decrete zur allgemeinen Berathung kamen, und deren in der Zeit bis zur Vertagung des Concils außer den vier öffentlichen Sitzungen sechsundachtzig stattfanden, nahm er selbst wiederholt das Wort zur eingehenden Erörterung des vorliegenden Gegenstandes. Vor der 25. Generalcongregation, welche jedesmal mit dem hl. Meßopfer eröffnet wurde, hatte er dasselbe zu celebriren.

Inzwischen nahm die bereits vor der Eröffnung der Kirchenversammlung wider dieselbe in's Werk gesetzte und vorzüglich von Professoren einiger deutschen Hochschulen geleitete Agitation, welche in ihrem Verlaufe zur Lossagung von der Kirche geführt hat, einen immer bedenklicheren Charakter an.

Von Rom aus wies er in Hinsicht auf diese fortgesetzte Agitation in Deutschland und auch in der Erzdiöcese Köln durch einen Erlaß vom 9. Februar 1870 die laut gewordene Annahme zurück, daß dieselbe den Ansichten und Wünschen derjenigen deutschen Bischöfe entspräche, welche sich an dem Antrage auf dogmatische Definition der päpstlichen Unfehlbarkeit nicht betheiligt hatten, und ermahnte die Gläubigen, daß sie eingedenk der Hirtenworte, welche die am Grabe des hl. Bonifacius zu Fulda versammelten Bischöfe am 6. September 1869 an sie gerichtet hätten, von solchen Agitationen sich ferne halten und den Beschlüssen des Concils mit Ruhe und gläubigem Vertrauen entgegen sehen möchten.

Kurz vor der Vertragung des Concils erließ er, außer dem von den deutschen Bischöfen am Ende August 1870 erlassenen gemeinschaftlichen Hirtenbriefe, ein besonderes Hirtenschreiben vom 12. September ds. Js. an seine Erzdiöcesanen, worin er in lichtvoller Weise die Glaubensverbindlichkeit der erfolgten dogmatischen Entscheidungen, namentlich auch derjenigen über das unfehlbare Lehramt des Papstes, sowie den Inhalt und die Bedeutung derselben ausführlich darlegte. Hinsichtlich seines eigenen und vieler deutschen Bischöfe Verhaltens bei diesen Be=

rathungen und Beschlüssen der allgemeinen Kirchenversammlung, welches nicht nur in der kirchenfeindlichen Presse, sondern auch im preußischen Landtage eine sehr ungünstige und irrige Beurtheilung erlitten hat, gab der Erzbischof in jenem trefflichen Hirtenschreiben nach Erwähnung der Beschlüsse des Concils eine so klare wie würdige Erklärung: „Ich habe mit manchen andern Bischöfen und Laien hinsichtlich dieser Lehre, obgleich ich mit dem Wesen derselben immer einverstanden war, dennoch in Betreff der Zweckmäßigkeit der Entscheidung in unserer Zeit sowohl als auch in Betreff einiger damit verbundenen Bedingungen verschiedene Bedenken gehabt und daraus kein Hehl gemacht. Seitdem aber nach einer vorgängigen sehr gründlichen und eingehenden Erörterung und Prüfung die Frage durch den Beschluß des öcumenischen Concils entschieden ist, habe ich in der festen Ueberzeugung, daß den Entscheidungen eines solchen Concils, als der höchsten legitimen Lehr-Autorität in der Kirche, jeder gläubige Katholik seine persönliche Ansicht unbedingt zu unterwerfen habe, alle früheren Zweifel und Bedenken sofort fallen lassen, und ich fühle mich verbunden, hierdurch öffentlich zu erklären, daß ich diese Unterwerfung als die Erfüllung einer einfachen Glaubenspflicht jedes katholischen Christen von allen Angehörigen der Erzdiöcese erwarte...."

Wenn gleich die katholische Bevölkerung der Erzdiöcese Köln, mit Ausnahme eines verhältnißmäßig sehr geringen Theils, unbeirrt ihrem Glauben und ihrer Anhänglichkeit an die hl. Kirche treu blieb, so hatte ihr Oberhirt doch den herben Schmerz, einige Männer sogar aus dem Clerus der Erzdiöcese auf den Weg des Abfalls fortgerissen.

Mit der liebevollen Milde eines Hirten, aber nicht minder mit der gewissenhaften Festigkeit eines Wächters der kirchlichen Lehre erfüllte er nun die Pflicht, den verhängnißvollen Schritten der Neuerung entgegen zu treten.

Diese fand indessen Schutz bei der Staatsmacht und Vorschub durch die neuere Gesetzgebung. Auf Grund der letzteren wurde am 12., beziehungsweise am 14. November 1873 die erste Strafe über den Erzbischof Paulus, sowie über den Weihbischof Baudri verhängt, nämlich über ersteren eine Geldbuße von 50 Thlr., eventuell vierzehn Tage Haft, über letzteren 25 Thlr., eventuell eine Woche Haft, wegen eines im „Kirchlichen Anzeiger" für die Erzdiöcese mitgetheilten Erlasses vom 14. Mai 1873, betreffend den Uebertritt von zwei Priestern der Erzdiöcese sowie von zwei Studirenden der Theologie zum Altkatholicismus. Bald häuften sich nun Anklagen von Seiten der Staatsregierung gegen den Erzbischof und sich verschärfende Verurtheilungen desselben wegen Nichtbefolgung der neuen Staats-Kirchen-Gesetze.

Seinen Standpunct in Betreff der letzteren hatte er nochmals in bestimmter Weise vor Gericht bezeichnet, woselbst er bei der Verhandlung am 12. November 1873 selbst erschienen war. „Wie ich vernommen habe," — sprach er, — „ist die gegen mich erhobene Anschuldigung zum Theil auf Bestimmungen des **Reichsstrafgesetzbuches** basirt. Ich bin daher zunächst hier erschienen, um keinen Zweifel darüber zu lassen, daß ich vollaus die Verpflichtung anerkenne, vor den Gerichten des Landes Recht zu nehmen. Zur Sache selbst kann ich nur die Versicherung abgeben, daß mir bei dem incriminirten Erlaß nichts ferner gelegen hat, als die Absicht, irgend Jemanden zu beleidigen. Ich habe dadurch nur einer Pflicht meines bischöflichen Amtes und zwar einer sehr schmerzlichen Pflicht genügt, indem ich dem Clerus meiner Erzdiöcese zur Kenntniß brachte, daß einige Priester derselben von der Gemeinschaft der katholischen Kirche sich losgesagt hatten. Wiederholt sind meine Vorgänger im bischöflichen Amte in die Lage versetzt worden, dieselbe Pflicht auszuüben zu müssen, ohne daß ihnen die Befugniß dazu in unserm Staate jemals bestritten worden wäre. Die von mir gewählten Ausdrücke sind die möglichst schonenden, rein sachlichen und schließen an sich schon jede beleidigende Absicht aus, gegen welche ich mich nochmals entschieden verwahre.

Die gegen mich erhobene Beschuldigung ist aber theilweise auch auf das **Gesetz vom 13. Mai 1873** gestützt. In dieser Beziehung kann ich nur dem Bedauern Ausdruck geben, auf eine vertheidigende Erklärung verzichten zu müssen. Der preußische Episcopat hat seine Stellung gegenüber den vier kirchenpolitischen Gesetzen, zu welchen das angezogene Gesetz vom 13. Mai gehört, wiederholt dargelegt, und zwar in der Denkschrift vom 30. Januar d. J. zu Händen des königl. Staatsministeriums, in einer gleichlautenden Adresse an die beiden Häuser des Landtags vom 5. Februar und endlich durch Collectiv-Eingabe, dem königl. Staatsministerium vorgelegt am 26. Mai 1873. Ich nehme statt weiterer Erklärung auf diese Actenstücke hiermit ausdrücklich Bezug."

Im Gefängniß.

Es war am 20. Februar 1874, als Köln ein Schauspiel in seinen Mauern sich vollziehen sah, welches am 8. Mai 1866 wohl kaum Einer der Festgenossen geahnt hatte. Auf der Hausflur des erzbischöflichen Hauses fand der öffentliche Verkauf der Möbeln des hochverehrten Oberhirten statt, welche zur Deckung verschiedener gegen ihn erkannten Geldstrafen, die sich damals mit den Kosten auf den Betrag von 1481 Thlrn. beliefen, gepfändet waren. Es konnten nur wenige Gegenstände zur Versteigerung kommen, die persönliches Eigenthum des hochwürdigsten Herrn waren und sich durch äußerste Einfachheit auszeichneten. Die Taxe des Ganzen betrug 446 Thlr. Während die sehr große Menge des versammelten Publikums sich des Angebots enthielt, kauften 8 Herren aus Köln dieses Mobilar für 403 Thlr. und übertrugen es durch notariellen Act leihweise wieder dem Erz=Bischof.

Es erfolgten neue Verurtheilungen desselben wegen Vornahme von „ungesetzlicher" Wiederbesetzung kirchlicher Stellen, aber auch Aeußerungen der Glaubenstreue und der Anhänglichkeit der katholischen Bevölkerung aller Stände und Kreise, die ein leuchtendes Ehrendenkmal der Erzdiöcese ewig bleiben werden.

Sowie die Bürger Kölns, beeilten sich in banger Erwartung auch die Katholiken aus allen Theilen der Erzdiöcese, in Deputationen einzelner Stände oder in Massendeputationen, bestehend aus Hunderten von katholischen Männern aller Stände, ihre Huldigung nochmals dem standhaften Vertheidiger der kirchlichen Wahrheit und Freiheit darzubringen.

Einen erhebenderen Tag, als den Sonntag den 22. März, hat das katholische Köln wohl kaum je gesehen. Eine Kundgebung treuer Liebe gegen die Kirche und warmer Theilnahme für den Erzbischof reihte sich an die andere. Derselbe celebrirte am Morgen selbst ein feierliches Pontificalamt zur Feier des Geburtstags des Kaisers und Königs Wilhelm und stimmte nach demselben das Te Deum an. Als er dann aus dem Portal des Domes trat, empfing ihn ein vieltausendstimmiges Hochrufen der aus dem Dome gekommenen Massen. Im erzbischöflichen Hause harrten bereits zahlreiche Deputationen aus Mülheim a. Rh., Kalk, Deutz, Eschweiler, Stolberg 2c. Bei der Fastenpredigt, die der hochwürdigste Herr am Nachmittage dieses Tages, sowie an allen Sonntagen dieser Fastenzeit, wiederum in der Cathedralkirche hielt, hatten die katholischen Bürger sich in einer Zahl eingefunden, wie nie erlebt worden war, so daß die weiten Räume des Dom's gefüllt waren. Nach Beendigung der Predigt wurde der Erzbischof vor dem Dome wieder von der dichtgedrängten Menge mit rührenden Zurufen empfangen. Diese und die Tausende, welche aus dem Dome noch hervorströmten, geleiteten den Verehrten in unabsehbarem Zuge und mit würdiger Haltung nach dem erzbischöflichen Hause, stimmten hier das erhebende Lied an: „Wir sind im wahren Christenthum" und sangen insbesondere mit rührender Begeisterung den Vers desselben: „Für diese Wahrheit gibt der Christ sein Blut und Leben dar." Fortwährend folgten noch an diesem Tage auf einander Deputationen, wovon einige bis zu 600 Männer zählten, aus Neuß, Bonn, aus dem Wupperthal: Elberfeld, Barmen, Solingen, Ronsdorf, ferner aus Düsseldorf und Essen. Immer wieder erschien der hochwürdigste Herr unter den Angekommenen und richtete zum Herzen dringende Worte an dieselben, jedes Mal betonend, daß der Katholik in diesen bedrängten Zeiten sorgfältig alles vermeiden müsse, was der weltlichen Obrigkeit gerechten Grund zur Unzufriedenheit geben könne, und daß die Waffe des Christen das Gebet sei.

Es brach die Charwoche des Jahres 1874 an. Sie sollte auch der Beginn einer Charwoche in der bischöflichen Amtsführung des Oberhirten werden, welcher vor 8 Jahren den erzbischöflichen Stuhl zu Köln mit dem treu gehaltenen Versprechen bestiegen hatte, nur „Gottes Ehre und das Heil der Seelen zu suchen." Der Mann, welcher in allen Berufsstellungen nicht allein die religiösen Amtsobliegenheiten, sondern auch die Pflichten gegen das Vaterland, das bürgerliche Gemeinwesen und die Landesregierungen mit gewissenhafter und opferwilliger Treue, durch Wort und That erfüllt hatte, der Kirchenfürst, welcher sowohl das Vertrauen und die Liebe des Oberhaupts der Kirche, als auch die Achtung der weltlichen Würdenträger und Fürsten in vorzüglichem Maße sich erworben hatte, welcher einst beim Scheiden von seiner Vaterstadt durch Verleihung des Ehrenbürgerrechts geehrt, von den Fürsten der Länder, deren katholische Unterthanen seiner kirchlichen Obsorge anvertraut gewesen, mit ehrenvollen Beweisen der Achtung und des Vertrauens überhäuft, von dem Könige Georg V. von Hannover 1862 mit dem Ritterkreuze des Guelphen-Ordens und von dem Könige Wilhelm von Preußen 1869 mit dem Rothen Adler-Orden erster Klasse ausgezeichnet worden war, — wurde am Dienstag den 31. März mit Anwendung der Gewalt in das am Klingelpütz zu Köln gelegene Arresthaus geführt.

Morgens gegen 7 Uhr, — so berichteten das ‚Kölnische Sonntagsblatt' und die ‚Kölnische Volkszeitung' — erschien der Polizei-Präsident Devens im Erzbischöflichen Palais, um den hochw. Erzbischof sofort zu verhaften, falls derselbe sich nicht geneigt zeige, jederzeit freiwillig die Haft anzutreten. Gegen die beabsichtigte Verhaftung erhob der Erzbischof sofort energischen Protest und erklärte, nur der Gewalt weichen zu können. Der Präsident verließ hierauf das Erzbischöfliche Palais und fuhr in seinem vor dem Hause bereit stehenden Wagen ab. Bald fanden sich ein der Weihbischof, mehrere Mitglieder des Domcapitels, der Vorstand des Erzbischöflichen Priesterseminars und verschiedene Geistlichen und Laien, etwa vierzig an der Zahl. Die anwesenden Domcapitulare traten mit dem Weihbischofe in das Zimmer ein, in welchem der Erzbischof sich befand. Derselbe theilte ihnen das Vorgefallene mit und traf einige Verhaltungsmaßregeln. Dann richtete er an die übrigen Geistlichen und Laien einige Worte, forderte sie zum Gebete auf und sagte ihnen, daß er seiner Verhaftung, die noch im Laufe des Tages vor sich gehen könne, getrost entgegensehe. Unterdessen war der Polizei-Präsident zurückgekehrt und erschien in Begleitung eines Polizei-Commissars zum zweiten Male im Erzbischöflichen Hause. Der Erzbischof erneuerte nun mit lauter Stimme seinen Protest, in den schärfsten Ausdrücken es betonend, daß man ihm nicht Zeit gelassen, die nöthigsten Vorbereitungen zu treffen. Der Präsident hatte demselben eine Frist von vierzehn Tagen angeboten, wenn er sich innerhalb derselben freiwillig stellen wolle, worauf der Erzbischof erklärt hatte, freiwillig würde er sich niemals stellen, nur der Gewalt könne und werde er weichen. Der Erzbischof bat um eine Stunde Zeit, um seine Vorbereitungen treffen zu können. Es wurde ihm nur eine Viertelstunde gewährt. Während er sich dann auf sein Schlafzimmer begab und sein Bedienter in Eile einige Sachen zusammenpackte, harrten draußen auf dem Gange schweren Herzens die versammelten Geistlichen und Laien. Nach Ablauf einer starken Viertelstunde öffnete der Erzbischof, in Mantel und Hut, die Thüre, und mit den Beamten traten die anwesenden Herren in's Zimmer ein. In tiefster Rührung umarmte der Erzbischof den Weihbischof, sowie den Domcapitular Reinarz, und forderte mit den Worten: „Beten wir für einander und für den Sieg der Kirche!" die Anwesenden zum Gebete auf. Dann wandte er sich zu den Beamten mit den Worten: „Ich erneuere meinen Protest und weiche nur der Gewalt." Als der Polizei-Präsident constatiren wollte, daß er anerkenne, wie Se. Erzbischöflichen Gnaden nur der Gewalt weiche, und als er ihn ersuchte, ihm und sich selbst die peinliche Situation zu ersparen, erwiderte der Erzbischof, daß sein Gewissen ihm verbiete, freiwillig zu folgen, daß er das habe thun müssen, was er gethan habe; schließlich lehnte er alle Verantwortung mit Entschiedenheit ab. Darauf faßte der Commissar Klose den Erzbischof mit beiden Händen am Arm, und der Erzbischof sprach in festem, aber freudig erhobenem Tone: „Deo gratias! Es wird Gewalt gebraucht!" Und nun vollzog sich eine Scene, die sich kaum beschreiben läßt. In der Mitte stand der Erzbischof, fest, ruhig, ergeben, in vollem Bewußtsein seiner bischöflichen Pflicht; ihn umgaben die Polizeibeamten, der Polizei-Präsident in Civil, der Commissar in Uniform. Die anwesenden Priester und Laien fielen auf ihre Kniee nieder; sie drängten sich an den gefangenen Oberhirten heran und küßten Hand, Ring und Mantel. Auf die Bemerkung des Commissars, voran zu machen, gab der Erzbischof die Antwort, daß er von den Seinigen doch wohl Abschied nehmen dürfe. Langsam bewegte sich der Zug die Treppe hinunter. In der Hausflur bemerkte der hochwürdigste Herr seine treue Dienerschaft, die laut weinte. Er tröstete sie väterlich unter der Versicherung, daß für sie Alle gesorgt werde und sprach: „Betet für mich und vertrauet auf Gott!" Dann blieb der Erzbischof wieder ruhig und würdevoll stehen, unter nochmaliger Wiederholung seines Protestes. Der Commissar erfaßte auf's neue seinen Arm, die Hausthüre öffnete sich und der Erzbischof wurde unter dem lauten Zurufe des draußen versammelten Volkes, welches er nochmals segnete, in den Wagen gebracht, der dann schnell von dannen rollte.

Bereits waren innerhalb der letzten Monate zwei andere Bischöfe, der Erzbischof von Posen-Gnesen und der Bischof von Trier in Haft genommen. Als dritter war nun der Erzbischof Paulus seiner Heerde und seiner Berufsthätigkeit entzogen.

„Finis noster victoria ecclesiæ" — sprach er bei seiner Gefangennehmung tröstend zu denen, welche ihn trauernd umgaben. Und es wiederhallt mit der Kraft unerschütterlicher Zuversicht in den Herzen der glaubenstreuen Katholiken Deutschlands, welche die in ihrem Wirken behinderten Oberhirten um so inniger hochschätzen und verehren. Die Gefangenschaft kann nicht fesseln die Wirksamkeit ihres Opfers vor Gott sowie ihres leuchtenden Beispiels vor der Mit- und Nachwelt. Ueber ihrem Gefängnisse erscheint wieder die Morgenröthe eines neuen Ostertags der Kirche Christi.

.... „Fast überall ist der Kampf gegen unsere hl. Kirche entbrannt", — schrieb der Erzbischof Paulus kurz vor seiner Gefangennehmung in dem letzten seiner drei jüngsten Fastenhirtenbriefe, in welchen er die göttlichen Tugenden behandelt hatte, — „und schwere Beeinträchtigungen ihrer Rechte und ihrer Freiheit haben wir zu beklagen; das Ende dieses Kampfes ist noch nicht abzusehen. In der äußeren Welt dauert noch immer der drohende gefahrvolle Zustand fort, von welchem sich schon seit Jahren die menschliche Gesellschaft in fast allen Ländern Europa's bedrängt fühlt, während noch fortwährend das Oberhaupt unserer hl. Kirche sich in der Lage eines Gefangenen befindet und täglichen Schmähungen, Drohungen und Gefahren ausgesetzt ist. Unter allen diesen betrübenden Wahrnehmungen fühlt sich indeß jedes gläubige Herz getröstet und gehoben bei dem Anblick der durch eine offenbare und ausgezeichnete Gnade Gottes immer stärker und entschiedener hervortretenden Einheit und Einigkeit aller gläubigen Christen; welche im Verein mit den an den Felsen Petri in vollkommener Vereinigung sich anschließenden Oberhirten und Priestern der katholischen Welt, wie ein Mann, in dem großen geistigen Kampfe unserer Zeit den Angriffen des modernen Heidenthums und des Liberalismus gegenüberstehen und mit den Waffen des Geistes und des Gebetes zu kämpfen nicht ermüden. Daß dieser Kampf den Kämpfenden große Opfer auferlegt, große Entschiedenheit und standhafte Beharrlichkeit verlangt, darüber kann Niemand im Zweifel sein..."

„Wohlan denn," —ermahnte er am Schlusse dieses Hirtenbriefs — „streben wir Alle ohne Ausnahme nach dem kostbaren Schatze der göttlichen Liebe mit voller Entschiedenheit! Gott zu lieben von ganzem Herzen und aus allen unseren Kräften, das sei das Tagwerk unseres irdischen Lebens, das Ziel unseres Betens und Arbeitens, unseres Thuns und Lassens, unserer Freuden und Leiden, damit wir einst, am Ende unserer kurzen irdischen Laufbahn, einzugehen gewürdigt werden in das himmlische Vaterland, wo Gott selbst unser Lohn und seine Liebe unsere höchste Glückseligkeit sein wird in Ewigkeit..."

Der hl. Vater ehrte den gefangenen Erzbischof durch Worte hohen Lobes in einem Beileidsschreiben an den Weihbischof Baudri vom 13. April d. J., und die katholische Christenheit beglückwünschte den ehrwürdigen Gefangenen in dem Sinne, den die Bischöfe Englands in ihrem gemeinsamen Schreiben an ihn vom 16. April d. J. ausdrückten.

„Durch das Recht der Nachfolge Führer der Bekenner Deutschlands," — schrieben sie, — „erneuerst du, in das Gefängniß geführt, das Gedächtniß des unbesiegten Clemens August und schmückst die Kölnische Kirche mit doppeltem Ruhm. Jener zögerte nicht, für das hochheilige Sacrament der christlichen Ehe, die Quelle und das Band der ganzen christlichen Gesellschaft, in den Kerker zu wandern; du aber hast für die Freiheiten der Kirche, des Glaubens, des bischöflichen und seelsorglichen Amtes und des Gewissens, sowie für die Rechte der Eltern und der Familie alle Schrecken dieser Welt verachtet, und gesucht, nicht was dein, sondern was Jesu Christi ist.

Heil dir deshalb theuerster Herr, Bekenner Christi; Heil dir, Leben und Sieg: darum flehen alle Menschen, die in der ganzen Einheit der katholischen Kirche guten Willens sind, mit uns für dich zu Gott dem Schirmer der Gerechtigkeit und Wahrheit."

„Wir wollen innig uns um Euch vereinen,
Als um den Fels im wilden Sturmgebraus;
Der Herr der Kirche schirmt ja stets die Seinen,
Wir harren fest mit seiner Gnade aus.
Tragt uns voran das hehre Kreuzeszeichen,
Als strahlend Siegesmal zur Geisterschlacht;
Nicht wanken wollen wir bei Euch, nicht weichen,
Wir halten aus mit Euch in treuer Wacht."

(2. Strophe eines „Grußes", mit welchem die Schüler der blühenden, nunmehr aber aufgehobenen, Lehranstalt Gaesdonk am 4. Juli 1864 die nach Kevelaer zur Consecration der Wallfahrtskirche und nach Gaesdonk gekommenen Bischöfe, unter ihnen den jetzigen Erzbischof von Köln, bewillkommneten.)